# Pratique de la lecture

## Niveau intermédiaire 1

## Muriel Walker

Department of French, University of Toronto

Série dirigée par
## Alain Favrod

Department of French Studies, York University

**Addison-Wesley Publishers Limited**
Don Mills, Ontario • Reading, Massachusetts
Menlo Park, California • New York • Wokingham, England
Amsterdam • Bonn • Sydney • Singapore • Tokyo • Madrid
San Juan • Paris • Seoul • Milan • Mexico City • Taipei

Executive Editor: Joseph Gladstone
Managing Editor: Linda Scott
Acquisitions Editor: John Clelland
Editor: Suzanne Schaan
Linguistic Review: Aline Germain-Rutherford
Design/Page Layout: Peter Maher
Production Coordinator: Melanie van Rensburg
Manufacturing Coordinator: Sharon Latta Paterson
Cover Design: Anthony Leung

**Acknowledgements**

Readings on pages 4–5, 10, 16–17, 38–40, 49–51, 61–62, 94–95, 104–105, and 110 courtesy of *L'actualité*.

Readings on pages 27–28, 33, 72–74, 78, 83–84, and 89 courtesy of The New York Times Syndicate.

**Canadian Cataloguing in Publication Data**

Walker, Muriel (Muriel Françoise)
   Pratique de la lecture, niveau intermédiaire 1

(Série ateliers)
ISBN 0-201-83663-7

1. French language — Textbooks for second language
learners.* 2. French language — Problems, exercises,
etc. I. Title. II. Series.

PC2128.W35 1995        448.2'4  C95-932681-2

ISBN 0-201-83663-7

Printed and bound in Canada.

   D E  -MP-  99 98

# TABLE DES MATIÈRES

# LA SÉRIE ATELIERS

La série *Ateliers* a pour but de fournir aux étudiant(e)s et aux professeur(e)s de français langue seconde des «manuels-cahiers» qui ciblent chacun une seule compétence linguistique, et ceci à chaque niveau de l'apprentissage.

Cette série de manuels-cahiers met l'accent sur:

1. **la qualité du contenu**
   - textes contemporains francophones
   - mise en page claire
   - exercices conçus pour faire pratiquer au maximum
   - exercices variés
   - pédagogie adaptée au contexte universitaire

2. **la flexibilité de l'emploi**
   - les manuels-cahiers peuvent former la base d'un cours
   - les manuels-cahiers peuvent compléter un autre livre dans lequel une compétence linguistique n'est pas enseignée
   - les manuels-cahiers peuvent compléter un autre livre où manquent les exercices pratiques
   - les manuels-cahiers peuvent s'utiliser indépendamment pour la révision, le rattrapage ou la préparation aux examens

3. **l'évaluation**
   - de nombreux exercices peuvent se corriger indépendamment à l'aide du corrigé
   - les chapitres comprennent soit des tests soit des exercices d'évaluation

4. **un prix avantageux**
   - le prix de chaque manuel-cahier représente à peu près un quart du prix des manuels présentement sur le marché
   - le prix de chaque manuel-cahier représente à peu près la moitié du prix des cahiers d'exercices présentement sur le marché

Alain Favrod

# INTRODUCTION

*Pratique de la lecture* est un manuel destiné aux étudiant(e)s en faculté du niveau intermédiaire. Le but de cet ouvrage est de permettre à ces étudiant(e)s d'améliorer leurs compétences au niveau de la lecture active et de l'acquisition du vocabulaire.

L'apprentissage se fait au moyen de textes à polémique choisis pour éveiller et retenir l'intérêt des apprenant(e)s. Ces lectures sont accompagnées de toute une gamme d'exercices axés sur le vocabulaire et la compréhension.

Chaque chapitre contient les éléments suivants:

1. *Prise de conscience*, une section de prélecture qui comprend des questions d'ordre général sur le thème du chapitre.

2. *Texte d'introduction*, un court texte servant à préciser le thème du chapitre.

3. *Vocabulaire de base*, une présentation contextualisée du vocabulaire essentiel lié au thème du chapitre.

4. *Stratégie de lecture*, une section qui a pour but de proposer aux étudiant(e)s des habitudes de lecture active.

5. *Exercices sur le vocabulaire*, une série d'exercices sur le vocabulaire de base.

6. *Lecture principale*, un texte plus long et plus détaillé.

7. *Exercices sur la lecture*, une deuxième série d'exercices faisant travailler la compréhension et le vocabulaire du texte principal.

8. *Test*, une épreuve qui à la fois reprend les éléments étudiés dans le chapitre et introduit des exercices basés sur de nouveaux textes exploitant le même thème. Ce dernier élément sert à vérifier le transfert des connaissances et des habitudes acquises tout au long du chapitre.

Finalement, il faut aussi mentionner que tous les thèmes de ce livre sont d'actualité et qu'ils ne manqueront pas d'alimenter la discussion en classe. Chaque sujet apporte du vocabulaire nouveau dont les étudiant(e)s pourront se servir pour soutenir leur argumentation. Tout ceci a pour but d'améliorer la communication à l'oral aussi bien que la compréhension de l'écrit avec des possibilités d'interaction entre les apprenant(e)s.

## Remerciements

Je voudrais tout d'abord remercier Alain Favrod qui est à l'origine de ce projet et qui m'a remarquablement bien guidée jusqu'à son aboutissement. Ensuite, il m'incombe de remercier Suzanne Schaan et la maison d'édition Addison-Wesley pour leur soutien et la qualité de leur contribution.

Enfin, je tiens à remercier David Walker qui a pris une part importante dans la correction de ce livre et qui m'a soutenue et encouragée tout au long de sa réalisation.

# un
# LA FAMILLE

1. En vous basant sur vos propres observations, pourriez-vous dire si le mariage est toujours à la mode ou s'il est dépassé?
2. Y a-t-il d'autres options que le mariage?
3. Quelle est votre opinion sur le mariage traditionnel (avec mari, femme, enfants)?

## Texte d'introduction

*le <u>taux</u> de divorce augmente*   rate.

> *FAMILLE ET VIE DE COUPLE*
>
> Le mariage est encore une institution importante. C'est même la <u>clef de voûte</u> du système social. Aujourd'hui les rôles des époux ont évolué, mais les gens ont toujours envie de se marier et d'avoir des enfants.      *keystone*
>
> 5   Les enfants sont le <u>noyau</u> de la famille, et c'est pour eux que souvent on sacrifie sa liberté de <u>célibataire</u>. En effet, les familles <u>monoparentales</u> ne sont pas aussi nombreuses qu'on le pense. Souvent les couples restent unis à cause des enfants.      *la base*   *single person*   *avec un seul parent*
>
> Cependant, il ne faut pas oublier que les enfants vivent mal
> 10   dans un <u>foyer</u> disfonctionnel. Parfois il vaut mieux se séparer plutôt que d'exposer les enfants aux <u>scènes de ménage</u>.      *home*   *disputes*
>
> La famille comprend aussi la <u>parenté</u>, qui est souvent utile, et dont la présence est rassurante. Quand on se marie et que l'on fonde une nouvelle famille, on agrandit sa propre famille d'origine.
> 15   Cela crée des liens souvent solides entre les gens.      *relatives*
>
> C'est peut-être ce besoin d'<u>être entouré</u> et la peur de se retrouver seul qui poussent les gens à s'installer en couple et à croire en l'avenir de la famille.      *to be surrounded (by others)*

**Pour se marier, on a besoin...**
- de son fiancé ou sa fiancée
- d'un témoin: un garçon ou une demoiselle d'honneur
- d'alliances *(f)*
- d'un certificat de mariage
- d'un trousseau

-d'une robe de mariée

-d'être amoureux

**Pour se marier, on peut...**

    -passer devant le maire, un juge ou tout autre personne habilitée à officialiser les unions

    -aller à l'église *(f)*, au temple ou tout autre lieu de culte: une synagogue, une mosquée, etc.

    -déposer une liste de cadeaux dans un magasin

    -faire une réception, un repas de noce

    -partir pour une lune de miel, un voyage de noce

**Mais pour divorcer, on n'a besoin que d'un avocat et d'un juge.**

# Stratégie de lecture

*LES MOTS APPARENTÉS*

De nombreux mots français sont similaires à leur équivalent anglais. Certains de ces mots apparentés sont des termes empruntés à l'autre langue. Par exemple, le mot *restaurant* est un nom français utilisé aussi en anglais, tandis que le mot *campus* est un nom anglais employé en français. D'autres termes partagent une racine commune, tels les mots «*govern*» et *gouverner*, tous deux provenant du latin *gubernare*.

    Dans la première phrase du texte d'introduction — «Le mariage est encore une institution importante.» — les termes *mariage*, *institution* et *importante* se comprennent sans avoir recours au dictionnaire, car ce sont des mots apparentés.

*Exercice pratique*

Relisez le texte d'introduction et dressez une liste des mots apparentés.

*systeme, social, role evolue, envie, marier.*

 

 

### EXERCICES SUR LE VOCABULAIRE

*réponses, p. 113*

❶ **Vocabulaire en contexte**

Complétez le tableau suivant en utilisant les mots de la liste ci-dessous:

    le divorce    se dispute    célibataire    la vie à deux

**Quand on est...**

    -seul(e)

    -vieux garçon ou vieille fille

    -veuf ou veuve

    -divorcé(e)

    a. *Célibataire*

**on recherche parfois...**

      -le mariage

EXERCICE

-le concubinage

-la vie de couple

b. _la vie à deux_

**mais il arrive que l'on...**

-soit en désaccord

-se querelle

-se déchire

c. _se dispute_

**alors c'est...**

-la rupture

-le départ

-la séparation

d. _le divorce_

réponses, p. 113

❷ **Familles de mots**

Complétez le tableau suivant. Consultez le dictionnaire si c'est nécessaire.

| | verbes | adjectifs | noms |
|---|---|---|---|
| a. | envier | _enviable_ | _envie_ |
| b. | sacrifier | | _sacrifie_ |
| c. | _unir_ | uni(e) | _union_ |
| d. | _séparer_ | séparé(e) | _séparation_ |
| e. | lier | | _lie_ |
| f. | _etourner_ | | entourage |
| g. | _____ | | mariage |
| h. | _____ | évolué(e) | _____ |
| i. | créer | _____ | _crée_ |
| j. | _____ | _____ | amour |

réponses, p. 113

❸ **Synonymes et antonymes**

I. Trouvez dans la colonne B les synonymes des termes de la colonne A. Mettez la lettre correspondant à votre choix dans l'espace qui vous est fourni.

| | A | | | B |
|---|---|---|---|---|
| 1. | se marier | _C_ | a. | désir |
| 2. | dispute | _d_ | b. | séparation |
| 3. | rupture | _b_ | c. | épouser |
| 4. | lien | _e_ | d. | querelle |
| 5. | envie | _a_ | e. | attache |

II. Trouvez dans la colonne B les antonymes des termes de la colonne A. Mettez la lettre correspondant à votre choix dans l'espace qui vous est fourni.

| | A | | | B |
|---|---|---|---|---|
| 1. | disfonctionnel | _e_ | a. | haine |
| 2. | libre | _d_ | b. | réconciliation |
| 3. | amour | _a_ | c. | jeune |
| 4. | vieux | _c_ | d. | emprisonné |
| 5. | désaccord | _b_ | e. | harmonieux |

❹ **Sens et contexte** *à faire corriger*

En vous aidant du dictionnaire, expliquez en français le sens des expressions suivantes.

a. clef de voûte (keystone) Clé de ta vie.

b. noyau de la famille (base) Structure de la famille.

c. famille monoparentale (single parent) Quand le famille à seulment une parent.

d. foyer disfonctionnel (disfonctional family) Quand une famille à beaucoup des problems ex abuse, ou l'alcolism dans la famille.

e. scène de ménage Quand les parents ont beaucoup d'argument.

❺ **Phrases à pièges** *à faire corriger*

Corrigez les phrases suivantes pour qu'elles retrouvent un sens logique.

Modèle:          La séparation est la meilleure des choses.

→     *La séparation est la pire des choses.*

a. Pour créer des liens, les gens s'évitent.

Pour écrir des lingues les gens s'écrit Pour créer

b. La famille exclut les oncles et les tantes.

La famille    les oncles et les tantes.

c. Quand on a besoin d'être entouré, on recherche la solitude.

Quand on a besoin d'être entouré on cherche la solitude.

d. Les enfants vivent toujours bien dans une famille disfonctionnelle.

# Lecture principale

*LA FAMILLE: ENTRE LE MYTHE ET LA RÉALITÉ*

Tout le monde vous dira que la famille est en crise, puis, <u>en même temps</u>, on prouvera le contraire: neuf personnes sur dix sont satisfaites de leur vie, de leur conjoint, de leurs enfants. Les couples semblent toujours désireux de s'épouser. C'est la preuve

5 que les médias, les groupes de pression et les gouvernements peuvent <u>faire tout un cinéma</u> et fabriquer une crise avec n'importe quel problème.

Mais qu'est-ce que la famille aujourd'hui? Deux parents, un seul, trois ou <u>davantage</u>? De sexes différents, ou du même? Avec

10 ou sans enfants? Le sujet n'est pas facile et <u>le ton monte</u> aussitôt. La réalité de maintenant, c'est la famille à la carte.

Non, la famille ne meurt pas. Elle se porte plutôt bien. Récemment, <u>Statistique Canada</u> a démoli un certain nombre <u>de</u> mythes: l'explosion du nombre de mères célibataires, <u>les divorces</u>,

15 <u>l'effondrement</u> du mariage. Tout cela n'est surtout qu'un «effet média». En réalité, 87% des familles sont dirigées par un couple.

*simultanément*

*to put on a great act*

*plus*

*on se fâche*

*collapse*

et le ~~mariage n'est pas passé de mode~~. Les phénomènes qui __attisent__ l'angoisse sont davantage américains.     *rendent plus vif*

20     Neuf Canadiens sur dix trouvent leur vie familiale enrichissante. La plupart d'entre eux restent très près de leurs parents et de leurs frères et sœurs, et une proportion importante s'occupe d'un parent. Ce sont les divorcés qui s'ennuient le plus. Même le __veuvage__ semble préférable au divorce,     *widowhood* dont le __taux__ est relativement stable.     *rate*

25     Le __vacarme__ médiatique et les propos des politiciens ont     *le grand bruit* convaincu bien des gens que la famille s'effondre. Pourtant, deux personnes sur trois pensent que le foyer «normal» formé de deux parents mariés, et dont l'un s'occupe des enfants à la maison, reste le modèle idéal. Cette situation, de moins en moins

30 fréquente, __incarne__ un rêve de durée et de permanence des liens     *représente* affectifs, et de division des tâches et des responsabilités.

    L'éducation des enfants est au cœur de ce débat. Quand on fait un enfant, il faut assumer son éducation, l'élever le mieux possible, le guider pour qu'il réussisse sa vie. Or les enfants

35 __s'épanouissent__ mal dans un environnement de tension, où les     *se développent* querelles et les scènes de ménage peuvent mener à des troubles psychologiques graves.

    Il y a un autre mythe, celui de la disparition de la famille dite «étendue», de l'ensemble de la «parenté». Sur qui compte-t-on

40 en cas d'urgence? Sur maman, la belle-mère, les grands-parents, un frère, une tante? La parenté est toujours __au premier plan__     *at the forefront* quand il s'agit de loger ces enfants __chômeurs__ qui restent ou     *sans emploi* reviennent à la maison, de trouver un appartement ou un emploi, d'organiser les vacances.

45     Malgré tout, les pouvoirs publics font peu pour la famille. On peut se demander si, au fond, l'État n'est pas un __concurrent__ de la     *competitor* famille et ne fleurit pas sur ses __décombres__! Il tient les parents     *les débris* pour des reproducteurs de la race humaine, et se considère, lui, comme l'éducateur. Pourtant, plus la famille va bien, plus les

50 individus seront capables de prendre soin d'eux-mêmes, et moins l'État et ses services d'aide seront nécessaires.

    En réalité, la meilleure politique de la famille est une politique d'emploi, d'accession à la propriété, une politique d'enrichissement, d'élévation du niveau de vie. Plus les gens

55 auront la possibilité de trouver et de conserver un travail, plus la vie sera facile pour la famille.

*(Adapté de «La famille dans tous ses états», de Jean Paré, dans L'actualité, juillet 1994)*

## ❶ Synonymes

réponses, p. 113

Trouvez dans la colonne B les synonymes des termes de la colonne A. Mettez la lettre correspondant à votre choix dans l'espace qui vous est fourni.

| A | | B |
|---|---|---|
| 1. conjoint | ___ | a. fleurir |
| 2. effondrement *colapes* | ___ | b. brouhaha |
| 3. éduquer | ___ | c. partenaire |
| 4. angoisse *ansiety* | ___ | d. écroulement |
| 5. vacarme | ___ | e. élever |
| 6. foyer | ___ | f. débris |
| 7. tâche | ___ | g. famille |
| 8. querelle | j | h. peur |
| 9. décombre | ___ | i. corvée |
| 10. s'épanouir | ___ | j. dispute |

## ❷ Le mot juste

réponses, p. 113

Complétez les phrases suivantes avec des mots ou des expressions que vous devez trouver dans la lecture principale. Le chiffre vous renvoie à la ligne du texte appropriée.

a. Il y a des liens de _____ solides entre les membres d'une famille unie. (39)

b. Un parent chômeur a besoin de retrouver du travail très vite pour _____ ses enfants correctement. (33)

c. Ma _____ Annie est, parmi les sœurs de mon père, celle que je préfère. (41)

d. La _____ du temps de travail et des corvées entre les deux parents est nécessaire si tous les deux travaillent à l'extérieur. (31)

e. Quand on a vécu ensemble longtemps et que l'on perd son conjoint, le_____ est un état difficile à supporter. (23)

f. Les parents ne sont pas uniquement des _____ de l'espèce dont le seul but serait de procréer. (48)

g. Éduquer un enfant implique que l'on soit capable de prendre _____ de soi-même avant tout. (50)

h. Le mariage, c'est sérieux. C'est pourquoi il faut bien réfléchir avant d'_____ quelqu'un. (4)

## ❸ Moulin à phrases

à faire corriger

Faites des phrases (d'au moins dix mots) illustrant bien le sens des termes suivants.

a. se lancer dans la vie_____

_____

b. concurrent_____

_____

c. prouver _____

_____

d. il n'y a guère de_____

_____

e. scène de ménage_____

_____

EXERCICE

❹  **Vrai ou faux?** *réponses, p. 113*

Indiquez si l'énoncé est vrai (V) ou faux (F) dans l'espace qui vous est fourni.

a.  La famille est en crise. ____

b.  Les Canadiens veulent tous divorcer. ____

c.  Il y a moins de mères célibataires qu'on le croit. ____

d.  Les enfants souffrent quand les parents se disputent ____

e.  On trouve plus facilement du travail quand on a une famille. ____

❺  **Compréhension** *à faire corriger*

Après avoir relu la lecture principale, répondez aux questions suivantes.

a.  La famille va-t-elle bien? Expliquez.

b.  Expliquez ce que veut dire «famille à la carte».

c.  Que veut dire le journaliste quand il parle d'un «effet média»?

d.  La plupart des familles sont-elles dirigées par un couple?

e.  Que pensent les Canadiens de leur famille?

f.  Qu'est-ce que «le modèle idéal»?

g.  Quelles sont les meilleures conditions pour élever les enfants?

h.  Qui fait partie de la parenté?

i.  L'État aide-t-il peu ou beaucoup la famille?

j.  Que devrait faire le gouvernement pour aider la famille?

## Partie I     Familles de mots       *(10 x 0.5 = 5 points)*

Complétez le tableau suivant.

| *verbes* | *adjectifs* | *noms* |
|---|---|---|
| se quereller | | a. _____ |
| b. _____ | c. _____ | liberté |
| d. _____ | | époux |
| e. _____ | entouré(e) | f. _____ |
| séparer | g. _____ | h. _____ |
| unir | | i. _____ |
| j. _____ | | sacrifice |

**5**

## Partie II     Synonymes       *(10 x 0.5 = 5 points)*

Trouvez dans la colonne B les synonymes des termes de la colonne A. Mettez la lettre correspondant à votre choix dans l'espace qui vous est fourni.

| | *A* | | | *B* | |
|---|---|---|---|---|---|
| I. | dispute | ___ | a. | élever | |
| 2. | éduquer | ___ | b. | peur | |
| 3. | conjoint | ___ | c. | famille | |
| 4. | tâche | ___ | d. | querelle | |
| 5. | foyer | ___ | e. | partenaire | |
| 6. | effondrement | ___ | f. | corvée | |
| 7. | angoisse | ___ | g. | écroulement | |
| 8. | rupture | ___ | h. | désir | |
| 9. | lien | ___ | i. | séparation | |
| 10. | envie | ___ | j. | attache | |

**5**

## Partie III     Compréhension de texte       *(10 x 2 = 20 points)*

En vous basant sur la lecture principale de ce chapitre, choisissez l'élément qui complète le mieux le début de phrase qui vous est donné. Mettez la lettre correspondant à votre choix dans l'espace qui vous est fourni.

___    I.    D'après le texte, les statistiques montrent...

     a.     que l'économie du pays va mal à cause du divorce.

     b.     que la plupart des familles se forment autour d'un couple.

     c.     que la famille se porte mal.

     d.     que l'on ne se marie plus à l'église.

___    2.    La plupart des Canadiens...

     a.     n'ont pas de famille.

     b.     détestent la vie de famille.

     c.     ont peur de rester célibataires.

     d.     sont satisfaits de leur vie familiale.

_____ 3. Aujourd'hui la majorité des familles sont dirigées par...

    a. des mères célibataires.

    b. des parents du même sexe.

    c. la parenté.

    d. un couple.

_____ 4. La parenté...

    a. est inexistante.

    b. joue un rôle important au sein de la famille.

    c. n'est jamais là quand il le faut.

    d. est toujours un obstacle dans un couple.

_____ 5. Les enfants...

    a. ne sont pas touchés par les problèmes du couple.

    b. réussissent mieux à l'école quand les parents sont divorcés.

    c. quittent la maison de leurs parents très tôt pour travailler.

    d. sont des victimes du divorce.

_____ 6. Les divorcés...

    a. sont plus heureux que les couples mariés.

    b. s'ennuient plus que les autres.

    c. profitent mieux de leur liberté.

    d. n'ont pas d'enfants.

_____ 7. Les politiciens ont convaincu les gens que...

    a. la famille s'écroule.

    b. la famille se porte bien.

    c. la famille ne vote plus.

    d. la famille a besoin de plus de travail.

_____ 8. L'idéal du foyer selon la majorité des gens est...

    a. la famille reconstituée.

    b. la famille monoparentale.

    c. deux parents mariés, dont l'un s'occupe des enfants.

    d. deux parents séparés qui travaillent.

_____ 9. L'État...

    a. aide beaucoup la famille.

    b. donne trop d'argent aux familles qui en ont besoin.

    c. donne du travail aux gens qui ont une famille.

    d. ne fait pas beaucoup pour la famille.

_____ 10. Ce dont la famille a besoin c'est...

    a. plus de divorces.

    b. plus d'emploi.

    c. moins de travail.

    d. moins de parenté.

20

## Partie IV    Travaux sur texte

### A    Mots superflus

*(10 x 0.5 = 5 points)*

Dans le texte suivant, des mots qui ne sont pas nécessaires ont été rajoutés. Soulignez les dix mots superflus.

*LA FAMILLE DE MICHEL RIVARD*

Michel Rivard, qui a maintenant 42 ans, était un célibataire marié sans contraintes, ni obligations libres, persuadé qu'il n'aurait jamais de famille parenté. Il tenait vert trop à la vie de bohème. Il la croyait pas indispensable à son statut de créateur. Mais un beau jour tout a changé, et il est passé des barres bars tard le soir aux couchers couches tôt le matin. Bébé Garance, qui n'avait pas encore un an, venait de se glisser dans sa vie, apporté deux par sa nouvelle fiancée. Méfiez-vous du grand mauvais amour séparé.

*(Adapté de «L'album de famille de Michel Rivard», de Yanick Villedieu, dans* L'actualité, *juillet 1994)*

### B    Le mot juste

*(10 x 1 = 10 points)*

Dans le texte suivant, des espaces ont été laissés vides. Trouvez dans la liste ci-dessous les mots qui peuvent compléter le texte. Faites tout changement  grammatical nécessaire.

| | | | | |
|---|---|---|---|---|
| religion | égocentrique | artiste | diurne | lutter |
| enfant | évoluer | énergie | travers | sources |

*LA FAMILLE DE MICHEL RIVARD* (suite)

«J'ai appris à ce moment-là qu'on peut très bien être un (1) _____, continuer à écrire, à faire de la musique, et aussi avoir des enfants autour de soi. J'ai fait des choix non pas de carrière, mais de méthodologie. Un (2) _____ de deux ans, à 6 heures du matin c'est plein d'(3) _____. Ou je cherchais à (4) _____ contre ça, ou je m'arrangeais pour en retirer quelque chose. J'ai décidé d'en retirer quelque chose. J'ai appris à fonctionner le matin. Je suis devenu un être (5) _____. Et moins (6) _____. Le monde, j'ai cessé de le voir à (7) _____ mes filtres à moi.»

Depuis, Michel Rivard n'a pas arrêté de toucher à cette richesse qu'est la cohabitation avec des enfants. Il les appelle ses (8) _____ d'inspiration et d'apprentissage. Il raconte l'émerveillement de les voir apprendre, (9) _____, régresser puis tout à coup éclater. Mais il se défend d'en faire une (10) _____.

### C    Compréhension de texte

*(5 x 1 = 5 points)*

Après avoir fait les exercices A et B, vous pouvez reconstituer le texte précédent avec ses deux parties. Répondez alors au questionnaire à choix multiples. Mettez la lettre correspondant à votre choix dans l'espace qui vous est fourni.

____ 1. Il y a quelques années, Michel Rivard était...

    a. malheureux.

    b. amoureux.

    c. sans attaches.

    d. divorcé.

____ 2 Garance est...

    a. sa compagne.

    b. sa mère.

    c. une de ses chansons.

    d. son enfant.

____ 3. Il est...

    a. acteur.

    b. musicien.

    c. mime.

    d. présentateur.

____ 4. Maintenant il...

    a. est redevenu célibataire.

    b. a divorcé.

    c. a adopté des enfants.

    d. a des enfants et vit en couple.

____ 5. Contrairement à sa vie d'avant, il vit plutôt...

    a. la nuit.

    b. le jour.

    c. sur scène.

    d. de façon bohème.

$$\frac{5}{\ }$$

*réponses, p. 113*

Résultat du test

$$\frac{\ }{50} \times 2 = \frac{\ }{100}$$

# deux

## LE CHÔMAGE

### PRISE DE CONSCIENCE

1. Le chômage vous semble-t-il inquiétant?
2. Face à la crise du chômage, quelles solutions proposeriez-vous?
3. Comment envisagez-vous l'avenir au niveau de votre carrière?

## Texte d'introduction

*LE MONDE DU TRAVAIL*

Le monde du travail est en crise. Pour les jeunes qui arrivent sur le <u>marché du travail</u>, l'avenir est incertain, car trouver un travail et le garder est de plus en plus difficile. — *job market*

5 Même quand on a fait de longues études et que l'on a beaucoup de diplômes, on n'a jamais la garantie de trouver un travail rapidement. Quand on en trouve un, il faut essayer de le conserver en travaillant souvent plus que les autres employés.

L'important aujourd'hui est de s'installer dans une position stable, d'avoir un poste pour la vie. Sinon, on risque toujours
10 d'être <u>licencié</u>, ou de ne pas pouvoir renouveler un contrat. Dans ce cas on se retrouve <u>au chômage</u>. — *renvoyé* / *sans emploi*

Le chômage est une situation difficile psychologiquement. On doit accepter d'arrêter de travailler pendant un certain temps, de rester chez soi, d'attendre. Il faut <u>se débrouiller</u> avec moins d'argent, faire des sacrifices. Il faut surtout essayer de retrouver du — *arriver à faire quelque chose*
15 travail. On doit consulter les offres d'emploi dans le journal ou dans les centres de recherche d'emploi. On doit se préparer pour passer d'autres <u>concours</u>, des entrevues de travail. — *recruitment exams*

La vie d'un chômeur n'est pas du tout reposante. On ne peut
20 pas rester chez soi à ne rien faire quand on est au chômage. Toutes les <u>démarches</u> nécessaires pour retourner dans la vie — *les procédures* active sont stressantes.

Beaucoup de gens désespèrent de retrouver du travail, et ils <u>sombrent</u> souvent dans la dépression. Ainsi, le chômage peut — *descend*
25 devenir dangereux pour l'équilibre de quelqu'un, car c'est une situation précaire et très angoissante.

12

**Il y a différentes sortes de métiers:**

-**les métiers manuels:** le plombier, le maçon, le bûcheron, le menuisier, le cordonnier, le couvreur, le boulanger, le charcutier, le boucher, le cuisinier, etc.

→ lumberjack  → carpenter
→ roofer

-**les professions libérales:** le docteur, l'avocat, l'écrivain, le professeur, le banquier, le scientifique, l'ingénieur, l'architecte, etc.

**Certains métiers ont encore un nom strictement masculin:** le plombier, le camionneur, le maçon, le bûcheron, etc.

**D'autres ont encore un nom strictement féminin:** la sage-femme, l'hôtesse de l'air, la femme de ménage, etc.

**D'autres sont masculins ou féminins:** le/la journaliste, le/la secrétaire, le/la bibliothécaire, etc.   le professeur
la professeuse

# Stratégie de lecture

*LES FAUX AMIS*

Les mots apparentés facilitent la lecture d'un texte français. Il faut néanmoins faire attention aux mots qui, malgré leur ressemblance dans les deux langues, n'ont pas le même sens. On appelle ces termes «les faux amis». Le mot *concours* dans le texte d'introduction ne veut pas dire «concourse» mais «examination». Le verbe *attendre* ne veut pas dire «to attend to» mais «to wait». D'autres mots par contre peuvent avoir le même sens dans certains contextes mais une ou plusieurs significations supplémentaires qui n'existent pas dans l'autre langue. Ainsi, le mot *addition* peut vouloir dire «addition» en anglais, mais en français ce mot signifie aussi ce qu'on paie dans un restaurant.

— pneus → tires

*Exercice pratique*

Que signifie les termes suivants en anglais?

1. agréer _accept_
2. location _rental_
3. prétendre _claim_
4. passer un examen _take an exam_

5. grade _rank_
6. drap _sheets_
7. wagon _car of train_
8. monnaie _change ($)_

**❶ Vocabulaire en contexte**                                    *réponses, p. 113*

Complétez le tableau suivant en utilisant les mots de la liste ci-dessous:

~~gagner sa vie~~   ~~un curriculum vitæ~~   ~~un boulot~~   ~~chômeur~~   ~~études~~

**Après les...**

    -écoles préparatoires

    -formations

    -apprentissages

    a. _etudes_

**qui fournissent...**

    -des diplômes

    -une expérience

    -un savoir-faire

    -des qualifications

    b. _un curriculum vitea_

**on espère trouver rapidement...**

    -un travail

    -un emploi

    -un poste

    -une position stable

    c. _un boulot_

**pour pouvoir...**

    -faire carrière

    -s'insérer dans la société

    -nourrir sa famille

    d. _gagner sa vie_

**mais sans travail, on est...**

    -sans-emploi

    -retraité

    -sans ressource

    -demandeur d'emploi

    e. _chômeur_

*réponses, p. 113*

## ❷ Familles de mots

Complétez le tableau suivant. Consultez le dictionnaire si c'est nécessaire.

| | *verbes* | *adjectifs* | *noms* |
|---|---|---|---|
| a. | | _____ | main |
| b. | _____ | installé(e) | _____ |
| c. | renouveler | _____ | _____ |
| d. | | rapide | _____ |
| e. | _____ | _____ | sacrifice |
| f. | se reposer | | _____ |
| g. | _____ | qualifié(e) | _____ |
| h. | | _____ | difficulté |
| i. | apprendre | | _____ |
| j. | _____ | _____ | équilibre |

## ❸ Synonymes et antonymes

*réponses, p. 113*

I. Trouvez dans la colonne B les synonymes des termes de la colonne A. Mettez la lettre correspondant à votre choix dans l'espace qui vous est fourni.

| A | | B |
|---|---|---|
| 1. conserver | c | a. assurance |
| 2. expérience | e | b. renvoyer |
| 3. apprentissage | f | c. garder |
| 4. stressant | h | d. revenir |
| 5. sombrer | g | e. savoir-faire |
| 6. garantie | a | f. formation |
| 7. offrir | i | g. s'enfoncer |
| 8. reposant | j | h. énervant |
| 9. licencier | b | i. donner |
| 10. retourner | d | j. relaxant |

II. Trouvez dans la colonne B les antonymes des termes de la colonne A. Mettez la lettre correspondant à votre choix dans l'espace qui vous est fourni.

| A | | B |
|---|---|---|
| 1. incertain | d | a. inoffensif |
| 2. précaire | e | b. lentement |
| 3. avenir | b | c. travailler |
| 4. rapidement | g | d. sûr |
| 5. désespérer | h | e. stable |
| 6. angoissant | c | f. embaucher |
| 7. important | i | g. passé |
| 8. dangereux | a | h. espérer |
| 9 licencier | j | i. insignifiant |
| 10. chômer | b | j. rassurant |

## ❹ Sens et contexte

*à faire corriger*

En vous aidant du dictionnaire, expliquez en français le sens des expressions suivantes.

a. en crise _Le monsuier à eu un crise cardiac_

b. une situation précaire _C'était une situation précaire._

c. renouveler un contrat _____

d. les offres d'emploi _____

## ❺ D'une langue à l'autre

*réponses, p. 113*

Retrouvez dans le texte d'introduction la traduction française des expressions suivantes.

a. *to take a recruitment exam* _Passe un concours._

b. *job interview* _Entervue de travail._

c. *to manage to do something* _Se débrouiller_

d. *job market* _Marché du travail_

e. *to stay at home* _Rester à la maiso_

## LE CHÔMAGE *unemployment*

Le chômage est vu comme une maladie dont le malade est lui-même responsable. C'est comme si on disait à quelqu'un qui souffre d'un cancer du <u>poumon</u>: «Vous n'aviez qu'à pas fumer!» *lung*
Au sans-travail on lui dirait: «Vous n'aviez qu'à travailler et vous
5  ne seriez pas devenu chômeur!» Maintenant que vous n'avez plus d'emploi, votre présence <u>gêne</u> ceux qui en ont un. Un peu comme *dérange* les cancéreux <u>mettent mal à l'aise</u> les personnes en bonne santé. *rendent inconfortable*

Le phénomène n'est pas nouveau, mais avec le temps, il est devenu plus grave. La *least-cost method* — c'est-à-dire, la produc-
10  tion au meilleur prix, comprenant les matières premières et le transport — fait en sorte que votre chemise est <u>taillée et cousue</u> *cut and sewn* en Corée plutôt qu'au Canada. La *bottom line*, ce qui reste comme profit quand l'objet est <u>livré</u> au marchand, a transformé ces *apporté* dernières années quelques centaines de milliers de femmes et
15  d'hommes en «demandeurs d'emplois», puisque leurs tâches sont accomplies <u>ailleurs</u>. *dans un autre endroit*

Ce terme de «demandeur d'emploi», utilisé dans les statistiques du chômage, cache une réalité dure: il n'y a plus d'emplois. Inutile d'en demander. Il faut plutôt se tourner vers les services
20  sociaux. Dans ce cas, vous recevrez votre chèque de chômage, ou de <u>bien-être social</u>, et on vous le reprochera, car ce sont ceux qui *welfare* travaillent encore que l'on taxe, et ils aiment cela de moins en moins.

Il est possible de parler du chômage en termes généraux: les
25  emplois qui disparaissent <u>fragilisent</u> nos sociétés industrielles *affaiblissent* avancées, menacent l'équilibre social, encouragent le crime, découragent les jeunes. Mais quand on a dit cela, on n'a même pas commencé à comprendre ce que le cancer du chômage représente pour quelqu'un en bonne santé. La <u>mise à pied</u>, dans *le renvoi*
30  un contexte de crise économique, vous retire de la race des humains. Ne pas avoir d'emploi, dans la merveilleuse société individualiste que nous avons construite, c'est se retrouver du côté des morts-vivants. Y a-t-il une vie après le travail? Tous ces amis avec qui on allait manger le midi, que l'on croisait dans les corri-
35  dors, qui nous invitaient au café, où sont-ils passés?

Quand vous êtes un chômeur, ou un demandeur d'emploi, tout ce que l'on vous demande c'est votre CV, qui va rejoindre la pile de dizaines d'autres CV que personne ne veut lire. Votre nouvel <u>outil</u>: le téléphone. Vous y passerez la journée, à obtenir *tool*
40  un hypothétique rendez-vous.

Au début, le chômage repose. L'esprit se met au travail, mais c'est pour découvrir que plus rien n'est pareil, que la ville que vous habitez n'est qu'un <u>décor</u> dans lequel vous n'avez plus de *setting*

place. Vous êtes libres de vos heures? Vous vous réfugiez dans les
45  jardins publics. Vous avez tant de temps devant vous que vous ne
savez plus l'employer. Vous découvrez peu à peu que vous êtes un
chiffre dans les statistiques, qu'il faudrait vous recycler (comme
les <u>déchets</u>), mais on ne sait pas en quoi. Vous vivez le scandale          *waste products*
de la civilisation technique capitaliste.
50      Celui qui travaille a droit à des vacances. Celui qui chôme n'a
droit qu'à du vide, et devient peu à peu <u>insensible</u>. Il glisse de la          *insensitive*
<u>déception</u> au désespoir, de la fierté à l'humiliation, à l'indifférence,          *disappointment*
au mépris de soi.
        Il faut faire attention à ce problème, même si on ne se sent
55  pas directement concerné. Le regard que nous portons sur les
chômeurs, c'est sur nous-mêmes que nous le posons. Nous
sommes tous des demandeurs d'emploi <u>virtuels</u> dans la mer-          *eventuels*
veilleuse société interactive de l'économie globale.

*(Adapté de «Nous sommes tous des chômeurs virtuels», de Jacques Godbout, dans* L'actualité, *janvier 1994)*

## EXERCICES SUR LA LECTURE

**❶  Synonymes**                                                               *réponses, p. 113*

I.   Trouvez dans la colonne B les synonymes des termes de la colonne A. Mettez
     la lettre correspondant à votre choix dans l'espace qui vous est fourni.

     *A*                                          *B*

     1.  fragiliser          **d**               a.  même
     2.  tâche               **e**               b.  enlever
     3.  pareil              **a**               c.  sérieux
     4.  retirer             **b**               d.  affaiblir
     5.  grave               **c**               e.  travail

II.  Complétez chaque phrase en cherchant dans la lecture principale le synonyme de
     chaque terme entre parenthèses. Le chiffre vous renvoie à la ligne du texte
     appropriée.

     a.  C'est très _____**dur**_____ (difficile) de retrouver du travail quand on est
         déprimé. (18)
     b.  Quand on a travaillé pendant 20 ans dans la même entreprise, on accepte mal d'être
         **mise à pied** (renvoyé) tout d'un coup. (29)
     c.  **inutile** (Ce n'est pas la peine de) pleurer, il faut être positif pour retrouver
         du travail. (19)
     d.  Un artisan est toujours fier de son travail après avoir **construite** (fabriqué) un
         nouvel objet. (32)
     e.  Tu as un nouvel emploi; c'est **merveilleuse** (formidable)! (31)

**❷ Antonymes**

*réponses, p. 113*

Trouvez dans la colonne B les antonymes des termes de la colonne A. Mettez la lettre correspondant à votre choix dans l'espace qui vous est fourni.

| | A | | | B |
|---|---|---|---|---|
| 1. | sain | d | a. | pire |
| 2. | encourager | f | b. | perte |
| 3. | cacher | e | c. | plein |
| 4. | recevoir | g | d. | malade |
| 5. | fierté | h | e. | montrer |
| 6. | vide | c | f. | décourager |
| 7. | mépris | i | g. | donner |
| 8. | meilleur | a | h. | honte |
| 9. | rester | j | i. | estime |
| 10. | profit | b | j. | partir |

**❸ Moulin à phrases**

*à faire corriger*

Faites des phrases (d'au moins dix mots) illustrant bien le sens des termes suivants.

a. mettre mal à l'aise _____

_____

b. de plus en plus _____

_____

c. passer la journée _____

_____

**❹ Explications**

*à faire corriger*

En vous aidant de la lecture principale et éventuellement d'un dictionnaire, répondez aux questions suivantes.

a. Qu'est-ce qu'un jardin public? _____

_____

b. De quoi souffre un cancéreux? _____

_____

c. Qu'est-ce que la matière première? _____

_____

d. Dans quelle partie du corps se trouve le poumon? _____

_____

e. Que peut-on fumer? _____

_____

**❺ Vrai ou faux?**

*réponses, p. 113*

Indiquez si l'énoncé est vrai (V) ou faux (F) dans l'espace qui vous est fourni.

a. Le chômage est très bien accepté par la société.   F

b. La disparition d'emplois rend nos sociétés plus faibles.   V

c. Quand on est au chômage, on gagne plus d'argent qu'avant.   F

d. Il faut apprendre à se servir beaucoup du téléphone quand on cherche du travail.   V

e. Quand on est au chômage, on a droit à des vacances.   F

## ❻ Compréhension

*à faire corriger*

Après avoir relu la lecture principale, répondez aux questions suivantes.

a. À quelle maladie l'auteur compare-t-il le chômage?

*Ses comme, si on disait à quelqu'un qui souffre d'un cancer du poumon.*

b. Qu'est-ce que la «*least-cost method*»?

*La production au meilleur prix.*

c. Qu'est-ce que la «*bottom line*»?

*Ce qui reste comme profit.*

d. Pourquoi le terme de «demandeur d'emploi» est-il critiqué par l'auteur?

*Parce que il y a pas beaucoup de travaille.*

e. Quelles sont les conséquences de la disparition des emplois?

*Que les gens ne travail pas.*

f. D'après le texte, votre vie est-elle différente quand vous n'avez plus de travail? Expliquez.

*~~J'ai jamais travailler~~ Oui, because you lose your friendship with your ~~fri~~ coligues.*

g. Est-il difficile de retrouver du travail? Pourquoi?

*Oui, ~~parce que les ~~~~~~ ~~~~~~ l'argent~~*

h. Que faites-vous pour retrouver du travail?

*~~faire~~*

i. Le chômage vous semble-t-il facile à vivre? Au début? Au bout d'un certain temps?

*Au début vous êtes releves mais après l'argent devent peu et tu sais pas quoi faire.*

j. Les chômeurs sont-ils bien acceptés par la société? Pourquoi?

## test

### Partie I    Familles de mots

*(10 x 0.5 = 5 points)*

Complétez le tableau suivant.

| verbes | adjectifs | noms |
|--------|-----------|------|
| travailler | a. *travailleur* | b. *travail* |
|  | c. *difficile* | difficulté |
| chômer |  | d. *chômage* |
| e. *apprendre* |  | apprentissage |
| sacrifier |  | f. *sacrifice* |
| g. *garantir* | garanti(e) | h. *garantie* |
| expérimenter |  | i. *expérience* |
|  | j. *stressé* | stress |

⊘ 5

### Partie II    Synonymes

*(10 x 0.5 = 5 points)*

Trouvez dans la colonne B les synonymes des termes de la colonne A. Mettez la lettre correspondant à votre choix dans l'espace qui vous est fourni.

| A | | B |
|---|---|---|
| 1. garder | *d* | a. offrir |
| 2. savoir-faire | *e* | b. pareil |
| 3. renvoyer | *g* | c. formation |
| 4. assurance | *h* | d. conserver |
| 5. donner | *a* | e. expérience |
| 6. même | *b* | f. enlever |
| 7. affaiblir | *i* | g. licencier |
| 8. emploi | *j* | h. garantie |
| 9. retirer | *f* | i. fragiliser |
| 10. apprentissage | *c* | j. poste |

⊘ 5

### Partie III    Compréhension

*(10 x 2 = 20 points)*

En vous basant sur la lecture principale de ce chapitre, choisissez l'élément qui complète le mieux le début de phrase qui vous est donné. Mettez la lettre correspondant à votre choix dans l'espace qui vous est fourni.

*b* 1.  Dans l'ensemble, le chômage est perçu...

   a.   assez bien.

   b.   assez mal.

   c.   avec indifférence.

   d.   comme un mal nécessaire.

*a* 2.  Les cancéreux et les chômeurs mettent les gens...

   a.   mal à l'aise.

   b.   à l'aise.

   c.   en confiance.

   d.   sur la défensive.

C    3.    La production à meilleur prix est pratiquée...

        a.      pour créer de nouveaux emplois.

        b.      pour faire de meilleures chemises.

        c.      pour économiser de l'argent aux industries.

        d.      pour faire perdre de l'argent aux industries.

d    4.    La production au meilleur prix a apporté...

        a.      plus d'emplois.

        b.      plus de chemises.

        c      plus d'entreprises.

        d.      plus de demandeurs d'emplois.

C    5.    La réalité c'est que...

        a.      il y a plus de marchandises.

        b.      il y a plus d'emplois.

        c.      il n'y a plus d'emplois.

        d      il y a trop d'emplois.

b    6.    Être au chômage signifie...

        a.      retrouver sa dignité.

        b.      être rejeté par la société.

        c.      être mieux accepté par la société.

        d.      faire partie d'une nouvelle société.

d    7.    Quand on est au chômage, on a...

        a.      plus d'amis.

        b.      plus de vacances.

        c.      plus d'argent.

        d.      plus de temps libre.

a    8.    Pour retrouver du travail, il faut se servir beaucoup...

        a.      du téléphone.

        b.      de la radio.

        c.      de la télévision.

        d.      des taxis.

C    9.    Quand on envoie son CV, on est sûr qu'il sera...

        a.      lu immédiatement.

        b.      réécrit.

        c.      mis en attente avec les autres.

        d.      mis à la poubelle.

b    10.    Pour trouver un nouveau travail, il faut...

        a.      acheter une bicyclette.

        b.      se recycler.

        c.      ramasser les déchets.

        d.      changer de coiffure.

## Partie IV    Travaux sur texte

### A    Le mot juste                                                    *(10 x 1 = 10 points)*

Dans le texte suivant, des espaces ont été laissés vides. Trouvez dans la liste ci-dessous les mots qui peuvent compléter le texte. Faites tout changement grammatical nécessaire.

| | | | | |
|---|---|---|---|---|
| condition | licencier | offre | rester | chercher |
| chômage | emploi | temps | patron | avenir |

*RECETTE POUR RETROUVER DU TRAVAIL*

Vous venez de quitter votre (1) _____, ou on vous a (2) _____, votre contrat s'est terminé, vous ne supportiez plus votre (3) _____ — bref, vous êtes maintenant au (4) _____. Après la période de repos, ou de profonde dépression, vous ne supportez plus de (5) _____ chez vous, vous ne savez pas quoi faire de votre (6) _____ libre, vous avez peur d'affronter l'(7) _____ sans travail, donc vous décidez de (8) _____ un nouveau boulot. Avant de sélectionner les (9) _____ d'emploi dans le journal, il faut vous mettre en (10) _____ physique.

### B    Mots superflus                                                 *(10 x 0.5 = 5 points)*

Dans le texte suivant, des mots qui ne sont pas nécessaires ont été rajoutés. Soulignez les dix mots superflus.

*RECETTE POUR RETROUVER DU TRAVAIL* (suite)

Il faut d'abord mettre à jour nuit votre CV. Ensuite rajoutez de nouvelles expériences professionnelles rouges, peut-être mal de nouveaux diplômes papier. Préparez-vous maquillage psychologiquement à affronter les entrevues pour votre candidature président. Postulez un maximum de postes. Attendez-vous gare à attendre, souvent très longtemps. Et surtout pourquoi, et c'est le plus égal difficile: ne pas désespérer échec.

### C    Compréhension de texte                                          *(5 x 1 = 5 points)*

Après avoir fait les exercices A et B, vous pouvez reconstituer le texte précédent avec ses deux parties. Répondez alors au questionnaire à choix multiples. Mettez la lettre correspondant à votre choix dans l'espace qui vous est fourni.

___    1.    Vous êtes au chômage parce que...

      a.    vous avez trouvé un nouvel emploi.

      b.    vous aimez un nouveau patron.

      c.    vous avez quittez votre travail.

      d.    votre contrat a été renouvelé.

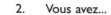

_____ 2. Vous avez...

     a.     beaucoup de temps libre et ça vous plaît.

     b.     peur d'affronter l'avenir sans travail.

     c.     peur d'affronter l'avenir sans votre temps libre.

     d.     peur d'affronter un nouveau patron.

_____ 3. Pour retrouver du travail, vous devez d'abord...

     a.     jeter votre CV.

     b.     enlever des éléments de votre CV.

     c.     compléter votre CV.

     d.     emprunter le CV de quelqu'un d'autre.

_____ 4. Vous trouverez des offres d'emploi...

     a.     à la télévision.

     b.     au cinéma.

     c.     dans le métro.

     d.     dans le journal.

_____ 5. Ce qui est important c'est...

     a.     de garder espoir.

     b.     de désespérer.

     c.     d'espérer une augmentation.

     d.     d'espérer rencontrer un nouveau patron.

$$\frac{\quad}{5}$$

_réponses, p. 113_

Résultat du test

$$\frac{\quad}{50} \times 2 = \frac{\quad}{100}$$

# trois
## LES SECTES

1. Connaissez-vous des sectes? Lesquelles?
2. Les trouvez-vous dangereuses?
3. Pourquoi, à votre avis, ont-elles tant de succès?

## Texte d'introduction

*LE DANGER DES SECTES*

Les sectes menacent notre société. Elles sont partout et elles s'attaquent à tout le monde. Une secte est un groupe dirigé en général par un gourou qui recrute de nouveaux <u>adeptes</u> pour    *les membres* faire partie de son culte.

5    En général, une secte cherche à <u>tirer profit</u> de ses membres,    *profiter de* qui se font exploiter financièrement et psychologiquement. <u>Les gens qui se laissent <u>entraîner</u> dans une secte sont souvent</u>    *to drag* <u>dépressifs.</u>

Parfois c'est après une rupture sentimentale ou un choc émo-
10  tionnel que des hommes et des femmes deviennent <u>vulnérables.</u> Ils sont alors les victimes préférées des sectes qui savent tou- jours reconnaître les <u>désespérés.</u>    *sans espoir*

Au début, quand on est dépressif, on se sent abandonné de tous, et la secte semble être le seul endroit où l'on est accepté
15  et compris. On se sent mieux avec cette «nouvelle famille» et on reprend espoir.

Il y a aussi l'aspect mystique qui <u>attire</u> chez les sectes. On est    *attract* fasciné par le gourou, qui semble être quelqu'un de vraiment spé- cial, même divin. On croit que c'est lui qui a toujours raison et
20  que la secte est la seule à dire la vérité sur le monde. Parfois même, le gourou prétend avoir des pouvoirs de guérisseur et on reste avec lui pour être soigné.

Mais tout cela n'est que du charlatanisme qui peut devenir dangereux. Le pouvoir des sectes <u>ne</u> repose <u>que</u> sur leur    *only*
25  influence auprès des gens affaiblis. Les sectes ne sont jamais la solution à leurs problèmes, et elles causent souvent leur ruine.

**Les qualités pour être un gourou, un dirigeant, un chef spirituel:** le charisme, la crédibilité, le pouvoir de persuasion, l'autorité *(f)*, le charme, la séduction, le pouvoir de décision, une forte personnalité, l'éloquence *(f)*, l'ambition *(f)*.
**Le gourou est** convaincant, manipulateur, autoritaire, éloquent, ambitieux.

# Stratégie de lecture

*LES IDÉES-CLÉS D'UN TEXTE*

Dans le texte d'introduction ci-dessus, le titre — «Le danger des sectes» — et la première phrase — «Les sectes menacent notre société.» — dévoilent tout de suite le thème de la lecture et le parti pris de l'auteur.

En effet, le titre et le premier paragraphe d'un article de presse révèlent d'habitude le thème principal du texte et la prise de position adoptée. Parfois la présentation du sujet est impartiale et l'auteur s'efforce de développer le pour et le contre d'une question. Par ailleurs, la plupart des écrits informatifs ne présentent que des faits et ne reflètent donc aucun parti pris.

Après l'introduction de l'idée principale dans le titre, le sous-titre (pratique assez courante dans les journaux et les magazines) et le premier paragraphe, on peut généralement déceler les autres idées-clés d'un texte en résumant chaque paragraphe. Dans le texte d'introduction ci-dessus, on pourrait résumer le deuxième paragraphe ainsi: *Les sectes exploitent leurs membres financièrement et psychologiquement.*

Finalement, le dernier paragraphe d'un texte présente en principe une conclusion (synthèse ou bilan), qui est bien sûr une autre idée-clé à retenir.

*Exercice pratique*

Afin de comprendre les autres idées-clés du texte d'introduction, résumez les 3e, 4e et 5e paragraphes ainsi que la conclusion.

3e paragraphe: *C'est après un choc émotionnel que des hommes et des femmes deviennent vulenérables.*

4e paragraphe: *Quand vous est dépressif, la secte peut être le seul place que vous pouvez acepter.*

5e paragraphe: *Les sectes peuv avoir l'aspect mystique.*

Conclusion: *Les sectes ne sont jamais la solution de votre problems.*

**❶ Vocabulaire en contexte**                    *réponses, p. 113*

Complétez le tableau suivant en utilisant les mots de la liste ci-dessous:

~~exploiter~~     ~~recrutent~~     ~~disciples~~     ~~les sectes~~

**Les mouvements spirituels tels que...**

    -les cultes

    -les nouvelles religions

    -les groupes de prière

-les communautés

-les clubs

-les cercles secrets

a. _les sectes_

**sont souvent dangereux quand ils...**

-entraînent

-embrigadent

-embobinent

b. _recrutent_

**de nouveaux...**

-membres

-adeptes

-fidèles

-serviteurs

c. _disciples_

**pour les...**

-tromper

-berner

-voler

-dépouiller

-déposséder de leurs biens

d. _exploiter_

réponses, p. 113

## ❷ Synonymes et antonymes

I. Trouvez dans la colonne B les <u>synonymes</u> des termes de la colonne A. Mettez la lettre correspondant à votre choix dans l'espace qui vous est fourni.

| A | | | B |
|---|---|---|---|
| 1. | guérir | _c soigner_ | a. dirigeant |
| 2. | groupe | _e communauté_ | b. cercle |
| 3. | recruter | _g embrigader_ | c. soigner |
| 4. | club | _b cercle._ | d. dépouiller |
| 5. | voler | _d dépouiller_ | e. communauté |
| 6. | tromper | _h berner_ | f. disciple |
| 7. | adepte | _f_ | g. embrigader |
| 8. | chef | _a_ | h. berner |

II. Trouvez dans la colonne B les antonymes des termes de la colonne A. Mettez la lettre correspondant à votre choix dans l'espace qui vous est fourni.

| A | | | B |
|---|---|---|---|
| 1. | profit | _h_ | a. inoffensif |
| 2. | accepté | _g_ | b. lucide |
| 3. | attirer | _d_ | c. incrédule |
| 4. | croyant | _f_ | d. repousser |
| 5. | crédule | _c_ | e. inflexible |
| 6. | naïf | _b_ | f. sceptique |
| 7. | influençable | _e_ | g. rejeté |
| 8. | dangereux | _d_ | h. perte |

**EXERCICE**

## ❸ Familles de mots

*réponses, p. 113*

Complétez le tableau suivant. Consultez le dictionnaire si c'est nécessaire.

| | verbes | adjectifs | noms |
|---|---|---|---|
| a. | menacer | menaçant | menace |
| b. | déprimer | déprimé(e) | déprime |
| c. | reconnaître | reconnu | reconnaissance |
| d. | abandoner | abandonné | abandon |
| e. | espérer | | espoir |
| f. | | divin(e) | divinité |
| g. | raisonner | raisonné | raison |
| h. | guérir | guéri(e) | guérison |
| i. | ruiner | ruiné | ruine |
| j. | tromper | trompé | |

**EXERCICE**

## ❹ D'une langue à l'autre

*réponses, p. 113*

Retrouvez dans le texte d'introduction la traduction française des expressions suivantes.

a. *to feel better* se sentir mieux

b. *to become hopeful again* reprendre espoir

c. *to be always right* avoir toujours raison

d. *to profit from* tirer profit de

e. *to tell the truth* dir la vérité

## ❺ Sens et contexte

*à faire corrriger*

En vous aidant du dictionnaire, expliquez en français le sens des mots suivants.

a. charlatan

b. guérisseur

c. gourou

d. charisme

e. crédibilité

# Lecture principale

*L'INVASION DES SECTES*

La vieille Europe, terre des Lumières et de la raison, se croyait à l'abri des sectes, mais c'est faux. On croyait que les tragédies liées aux sectes n'arrivaient qu'aux États-Unis. Mais en France, on assiste à des drames. Il faut le reconnaître: les sectes
5 envahissent l'Europe.

Selon l'Union Nationale des Associations de défense des familles et de l'individu (UN-Adfi), plus de 200 sectes exercent leurs activités en France. Cette association ne prend en compte que les groupes d'au moins 50 membres. Les groupuscules, bien
10 plus difficiles à compter, sont également très nombreux. Il y a à peu près 2 000 mouvements, réunissant, le plus souvent, de 5 à 20 adeptes. Au total, le phénomème fait près d'un million de victimes. Les sectes déploient leurs tentacules sur l'ensemble du territoire, avec une prédilection pour le Sud et les grandes villes.

*Marginal glosses:*
protégée de

est présent à
*invade*

*take into account*
les petits groupes

*unfold*
une preférence

15    Il ne s'agit parfois que de <u>filiales</u> de «multinationales» qui    *branches*
cherchent l'anonymat. <u>Dissimulées</u> derrière une façade plus dis-    *cachées*
crète, ces succursales recrutent tranquillement pour la maison
mère. D'autres groupes viennent des religions dominantes, après
avoir <u>fait scission</u>. Parfois encore, il s'agit de «petits artisans»,    *se séparer*
20    <u>installés à leur compte</u> pour faire plus de profit. Ce sont peut-    *set up in business for*
être les plus dangereux.    *themselves*

Le principe des sectes est simple: l'<u>emprise</u> du gourou est plus    *l'influence*
forte quand il y a peu de fidèles. Une vingtaine de disciples sont
plus faciles à manipuler qu'une centaine. Le gourou fascine ses
25    adeptes: un pouvoir de guérisseur, une vague philosophie et une
personnalité charismatique.

Les sectes ont le sens de l'<u>accueil</u>. Elles ont l'air rassurantes,    *l'hospitalité*
elles réconfortent, écoutent, s'intéressent au candidat <u>virtuel</u>. Les    *potentiel*
gens se sentent mieux, compris, acceptés dans une «famille».
30    Un des trois thèmes suivants se retrouve, en général, dans
tous ces mouvements:

1.  La présence d'un <u>messie</u>. Il a vu ou a parlé à Dieu. Sinon il    *messiah*
    vient d'une autre planète.
2.  L'annonce de l'Apocalypse. Elle renforce la cohésion du
35      groupe, composé des purs, les seuls <u>rescapés</u> du cataclysme,    *les survivants*
    et implique tout naturellement l'abandon des biens
    matériels.
3.  Toutes les idées liées au «nouvel âge».
    Cela ne suffit pas pour définir complètement une secte. Il
40    manque l'essentiel: une bonne dose de paranoïa. Pour être
crédible, la secte doit être opprimée par un monde extérieur qui
ne la comprend pas. Cela <u>resserre</u> encore les liens autour du    *tighten*
maître et justifie, au nom de la cause, les actes de violence. Très
vite, cela devient du totalitarisme.
45    Lutter contre ces mouvements est très difficile. Les législations européennes sont <u>impuissantes</u>. La plupart des gourous    *powerless*
savent éviter l'<u>escroquerie</u>, selon sa définition pénale, et ils ne    *la fraude*
font qu'accepter des dons ou vendre leurs produits. Ce n'est que
de la charité ou du business, et on ne peut pas interdire ça.
50    Cela n'empêche pas les affaires de prospérer. Les sectes s'en-
richissent avec la crise économique. Les problèmes économiques
rendent les gens plus vulnérables, moins sûrs de leur identité. Les
églises officielles ne savent plus <u>soigner</u> ce genre de mal à l'âme.    *guérir*
En plus il y a la proximité de l'an 2000, la fin du millenium. Cela
55    rend crédible les thèses apocalyptiques. La peur de l'avenir, l'in-
certitude, le besoin de mysticisme, tout cela est exploité par les
sectes, et cela menace chacun de nous.

*(Adapté de «Les sectes: pourquoi elles envahissent l'Europe», de Christophe Agnus, dans*
L'Express, *20 octobre 1994)*

## ❶ Synonymes

réponses, p. 114

Trouvez dans la colonne B les synonymes des termes de la colonne A. Mettez la lettre correspondant à votre choix dans l'espace qui vous est fourni.

| A | | B |
|---|---|---|
| 1. attaque | d | a. combattre |
| 2. manipuler | e | b. influence |
| 3. vulnérable | f | c. laisser |
| 4. abandonner | c | d. assaut |
| 5. causer | h | e. manier |
| 6. abri | i | f. fragile |
| 7. emprise | b | g. fraude |
| 8. réconfortant | j | h. provoquer |
| 9. lutter | a | i. refuge |
| 10. escroquerie | g | j. rassurant |

## ❷ Le mot juste

réponses, p. 114

Complétez les phrases suivantes avec des mots ou des expressions que vous devez trouver dans la lecture principale. Le chiffre vous renvoie à la ligne du texte appropriée.

a. Il faut organiser une _défense_ sérieuse pour se protéger des sectes. (6)

b. Cet homme est sûrement un gourou. Il _exerce_ un pouvoir immense sur mes amis. (7)

c. Mon frère vit dans une secte maintenant car il pense que l'_liens_ y est plus chaleureux que chez nous. (27)

d. On ne peut rien faire contre ce gourou car il a des _____ très solides avec ses fidèles. (42)

e. Ne crois pas ce qu'on dit dans cette secte; ils veulent ton argent car c'est une _____. (47)

## ❸ Moulin à phrases

à faire corriger

Faites des phrases (d'au moins dix mots) illustrant bien le sens des termes suivants.

a. dissimulé _____

b. tranquillement _____

c. renforcer _____

d. impliquer _____

## ❹ Phrases à pièges

à faire corriger

Corrigez les phrases suivantes pour qu'elles retrouvent un sens logique.

a. Quand on exerce une activité, on est au chômage.

b. Si l'on est à son compte, on travaille pour quelqu'un.

c.  Quand on a de l'emprise, on est sans influence.

_____

d.  Si l'on fait du profit, on perd de l'argent.

_____

réponses, p. 114

❺  **Vrai ou faux?**

Indiquez si l'énoncé est vrai (V) ou faux (F) dans l'espace qui vous est fourni.

a.  Les sectes ne sont pas dangereuses.                                    ____

b.  Il y a moins de sectes aux États-Unis qu'en Europe.                     ____

c.  Le gourou a plus d'influence quand il a peu de fidèles.                 ____

d.  Dans le principe des sectes, on retrouve toujours les mêmes thèmes.     ____

e.  Les finances d'une secte sont toujours très mal gérées.                 ____

❻  **Compréhension**                                          *à faire corriger*

Après avoir relu la lecture principale, répondez aux questions suivantes.

a.  Le phénomène des sectes est-il seulement américain? Expliquez.
    _Non, il y a des sectes dans Europe._
    _____

b.  Qu'est-ce que l'UN-Adfi? Quel est son rôle?
    _Ses union national de Defence des familles et l'individu._
    _Ses une acoiciation pour les familles_

c.  En tout, combien y a-t-il de sectes et de groupuscules en France?
    _2000 mouvements._
    _200 sectes_

d.  Expliquez le terme «maison-mère». Que désigne-t-il?
    _head-quarters. pour les famille d'etre_
    _protegé._

e.  Quel est le principe des sectes?
    _Plus petit = plus de sence._
    _____

f.  Quels sont les trois thèmes qui se retrouvent dans les sectes?
    _32-37 ← lingues._
    _____

g.  Que sont les dons et la charité?
    _Donner une cadeau d'argent au pauvres._
    _____

h.  Les gourous sont-ils de bons financiers? Expliquez.

    _____

    _____

i.  Pourquoi est-il important que la secte ait l'air opprimée?

    _____

    _____

j.  En quoi la crise économique renforce-t-elle le pouvoir des sectes?

    _____

    _____

## test

### Partie I    Familles de mots                    *(10 x 0.5 = 5 points)*

Complétez le tableau suivant.

| verbes | adjectifs | noms |
|---|---|---|
| a. *menacer* | b. *menacé* | menace |
| c. *gérir* | | guérisseur |
| d. *reconnaître* | reconnu(e) | e._____ |
| | f._____ | divinité |
| g._____ | | ruine |
| fragiliser | h._____ | i._____ |
| j._____ | | abri |

**5**

### Partie II    Synonymes                          *(10 x 0.5 = 5 points)*

Trouvez dans la colonne B les synonymes des termes de la colonne A. Mettez la lettre correspondant à votre choix dans l'espace qui vous est fourni.

| *A* | | *B* |
|---|---|---|
| 1.  soigner | ___ | a.  provoquer |
| 2.  cercle | ___ | b.  fragile |
| 3.  tromper | ___ | c.  escroquerie |
| 4.  dissimuler | ___ | d.  guérir |
| 5.  adepte | ___ | e.  berner |
| 6.  fraude | ___ | f.  cacher |
| 7.  vulnérable | ___ | g.  club |
| 8.  attaque | ___ | h.  disciple |
| 9   abandonner | ___ | i.  assaut |
| 10.  causer | ___ | j.  laisser |

**5**

### Partie III    Compréhension                     *(10 x 2 = 20 points)*

En vous basant sur la lecture principale de ce chapitre, choisissez l'élément qui complète le mieux le début de phrase qui vous est donné. Mettez la lettre correspondant à votre choix dans l'espace qui vous est fourni.

___    1.    L'Europe...
  a.    n'est pas à l'abri des sectes.
  b.    est à l'abri des sectes.
  c.    est différente des États-Unis.
  d.    est envahie par des sectes américaines.

___    2.    En France, il y a...
  a.    plus de 2 000 sectes de plus de 50 membres.
  b.    plus de 200 sectes de moins de 50 membres.
  c.    plus de 200 sectes de plus de 50 membres.
  d.    plus de 2 000 sectes de moins de 5 membres.

___ 3. Le pouvoir du gourou est plus fort quand...

    a. il a au moins 50 adeptes.

    b. il dirige plusieurs sectes en même temps.

    c. il a peu de disciples.

    d. il est aidé par un autre gourou.

___ 4. Le gourou est en général...

    a. craintif.

    b. mauvais financier.

    c. divin.

    d. charismatique.

___ 5. Le but des sectes est...

    a. désintéressé.

    b. lucratif.

    c. mystique.

    d. d'aider les gens.

___ 6. Un des thèmes des sectes est...

    a. la présence d'un messager de Dieu.

    b. l'annonce du déluge.

    c. la venue d'extra-terrestres.

    d. le moyen âge.

___ 7. Pour être crédible, une secte doit être...

    a. bien acceptée par la société.

    b. mal acceptée par les fidèles.

    c. persécutée.

    d. non religieuse.

___ 8. Les législations européennes sont...

    a. menaçantes pour les sectes.

    b. encourageantes pour les sectes.

    c. sans pouvoir contre les sectes.

    d. tolérantes envers les sectes.

___ 9. Les gourous...

    a. se font souvent escroquer par leurs fidèles.

    b. escroquent les banques.

    c. sont souvent en difficulté financièrement.

    d. ne font aucune erreur financière.

___ 10. Les églises officielles...

    a. luttent contre les sectes.

    b. ne peuvent plus donner autant de réconfort aux gens.

    c. profitent de la crise.

    d. ont peur de l'an 2000.

20

## Partie IV    Travaux sur texte

### A    Le mot juste    *(10 x 1 = 10 points)*

Dans le texte suivant des espaces ont été laissés vides. Trouvez dans la liste ci-dessous les mots qui peuvent compléter le texte. Faites tout changement grammatical nécessaire.

| | | | | |
|---|---|---|---|---|
| rupture | entraîner | rencontrer | chèque | intéresser |
| homme | mal | escroquer | peau | proposer |

*LE TÉMOIGNAGE D'UNE VICTIME*

«Lorsqu'un ami m'a (1) _____ dans la scientologie, je me sentais vraiment
(2) _____ dans ma (3) _____, j'avais envie de faire une
psychanalyse. À 26 ans, je venais de perdre mon père, je sortais d'une (4) _____
sentimentale qui m'avait traumatisé», raconte Didier. Ce jeune (5) _____ à l'allure
timide déclare avoir été (6) _____, ruiné par cette secte dangereuse aux
ramifications multiples.

    «Mon ami m'a emmené au Celebrity Center à Paris, où j'ai (7) _____ un
grand type chaleureux, qui m'a (8) _____ une séance de purification afin de me
débarrasser de mes toxines. J'ai eu l'impression qu'enfin on s' (9)_____ à moi.»
Le soir même, Didier signe un (10) _____ de 10 000 francs. Beaucoup d'autres
suivront.

*(Adapté de «Enfin on s'intéressait à moi!», de Marie-Laure de Léotard, dans* L'Express, *20 octobre 1994)*

### B    Mots superflus    *(10 x 0.5 = 5 points)*

Dans le texte suivant, des mots qui ne sont pas nécessaires ont été rajoutés. Soulignez les dix mots superflus.

*LE TÉMOIGNAGE D'UNE VICTIME* (suite)

«Plus j'allais moins mal, plus j'avais besoin de suivre des cours.» En trois mois, 60 000 francs vont ainsi être dépensés heureux. Didier est obligé bon de souscrire un emprunt à sa banque. Il est harcelé amical par les rabatteurs financiers de la secte qui lui proposent sans cesse jamais de nouveaux services. L'enchaînement est fatal. Il doit vendre franc son studio, puis sa boutique par l'intermédiaire d'une agence immobilière, dirigée par deux scientologues. Ruiné, il finit argenté par s'échapper de la secte, avec l'aide mauvaise d'une association. Aujourd'hui toujours, Didier milite pour cette association pour que d'autres ne se laissent pas vendre prendre au piège.

### C    Compréhension de texte    *(5 x 1 = 5 points)*

Après avoir fait les exercices A et B, vous pouvez reconstituer le texte précédent avec ses deux parties. Répondez alors au questionnaire à choix multiples. Mettez la lettre correspondant à votre choix dans l'espace qui vous est fourni.

_____ 1. Avant de joindre la secte, Didier se sentait...

    a. bien dans sa peau.

    b. à l'abri des sectes.

    c. malheureux.

    d. sans argent.

_____ 2. Il pense avoir été...

    a. escroqué par la secte.

    b. aidé par la secte.

    c. soutenu financièrement par la secte.

    d. abandonné par la secte.

_____ 3. Il a connu la secte par...

    a. un grand type chaleureux.

    b. son père.

    c. sa fiancée.

    d. un ami.

_____ 4. Il a signé un premier chèque de...

    a. 60 000 francs.

    b. 1 000 francs.

    c. 10 000 francs.

    d. 6 000 francs.

_____ 5. Il a vendu...

    a. sa maison de campagne.

    b. son chien.

    c. son agence immobilière.

    d. son appartement.

( 5 )

_réponses, p. 114_

Résultat du test

$$\frac{\quad}{50} \times 2 = \frac{\quad}{100}$$

# LES JURÉS

## PRISE DE CONSCIENCE

1. Quelle serait votre réaction si vous étiez nommé juré dans un procès aussi important que celui de Paul Bernardo ou d'O.J. Simpson?
2. Préféreriez-vous être juré au Canada ou aux États-Unis? Pourquoi?
3. Pensez-vous que les média pourraient influencer votre jugement?

## Texte d'introduction

---

*LE MONDE DE LA JUSTICE*

Le monde de la justice est fascinant. Tout le monde est intéressé par les <u>procès</u> des gens célèbres qui passent à la télévision. Les <u>feuilletons</u> ou les films qui parlent de procès ont beaucoup de succès.   *trials* / *serials, "soaps"*

5     On a besoin de la justice dans la vie de tous les jours. Si on reçoit une <u>contravention</u> pour un stationnement illégal ou pour un excès de vitesse, il arrive parfois que l'on passe au <u>tribunal</u>.   *une amende* / *le cour*

Dans les cas de divorce ou de séparation aussi, on a besoin de <u>l'appareil</u> judiciaire, avec les avocats et les juges.   *machinery*

10     Pour les problèmes d'héritage, de succession et de propriété, on fait appel au notaire, qui lui aussi fait partie de la justice.

Tous les citoyens ont des droits qui sont défendus par le système judiciaire de leur pays. En tant que citoyen, on a aussi des devoirs envers la justice. On doit respecter la loi et accepter

15 d'être pénalisé si on commet une infraction.

On peut aussi être sollicité pour aider la justice. Par exemple, on peut être nommé <u>juré</u> dans un procès, ou on peut être témoin dans une affaire.   *un membre du jury*

On ne peut pas <u>se soustraire</u> à ces devoirs car cela va contre   *échapper à*

20 la loi.

---

## VOCABULAIRE DE BASE

*Le milieu de la justice*

**Les lieux**: le palais de justice, le barreau, la cour, les assises *(f)*, la barre, la salle d'audience, le box des accusés

**Les personnages:** les juges, les avocat(e)s, les greffiers, l'accusé(e) (coupable, innocent), les procureurs, les témoins, les huissiers

**Les actes:** instruire une affaire, juger, plaider, prêter serment, condamner, relaxer, faire appel

# Stratégie de lecture

*LES FAMILLES DE MOTS*

Le lecture est un moyen sûr d'améliorer votre vocabulaire. Et bien que les mots nouveaux nécessitent souvent l'emploi du dictionnaire, il est parfois possible de deviner le sens d'un terme parce que vous connaissez déjà la signification d'un mot de la même famille. Par exemple, si vous connaissez déjà le sens du verbe français *accuser* à cause du mot apparenté anglais «*to accuse*», le substantif *accusateur* ne devrait pas vous donner de difficulté.

Il faudra néanmoins distinguer entre *l'accusateur* et *l'accusé*. Lequel veut dire «*accused*» et lequel veut dire «*accuser*»? L'anglais et un peu de grammaire devraient vous donner la clé de l'énigme. En effet, *accusé* est aussi la forme du participe passé du verbe *accuser*, donc «*accused*». Pour ce qui est du suffixe *-ateur* du nom *accusateur*, vous avez l'équivalent anglais «*-ator*» de «*perpetrator*» par exemple. Ce suffixe en français et en anglais veut dire «celui ou celle qui fait l'action du verbe». Donc, le nom *accusateur* désigne celui ou celle qui accuse.

### Exercice pratique

Donnez un mot de la même famille pour chacun des termes suivants. Ensuite expliquer le sens de ce mot. *Natural Ability of understanding* ~~PRETENDS TO DISCOVER~~

a. devinette *devin, devinèresse : Rational thinking*

b. emploi *employeur :*

c. amélioration *améliorer : Meilleur.*

d. apparenté ~~Appartenance~~ : *Parent.*
→ *Similar* →

**EXERCICES SUR LE VOCABULAIRE**

**EXERCICE**

**① Vocabulaire en contexte**                    *réponses, p. 114*

Complétez le tableau suivant en utilisant les mots de la liste ci-dessous:

soupçonné          au tribunal          des jurés          un vol

**Quand on a commis...**

-une infraction

-un crime

-un délit

-une agression

-un viol

-un kidnapping

a. *un vol*

**on peut être...**

-recherché

-poursuivi

-suspecté

-arrêté

-accusé

b. _souçronné_

**ce qui amène la plupart du temps...**

-au parquet

-à la cour

-au palais de justice

-en jugement

c. _au tribunal_

**où notre sort est entre les mains...**

-du juge d'instruction

-du procureur (de la couronne, de la république, etc.)

-des avocats de la défense

d. _des jurés._

réponses, p. 114

## ❷ Familles de mots

Complétez le tableau suivant. Consultez le dictionnaire si c'est nécessaire.

| | verbes | adjectifs | noms |
|---|---|---|---|
| a. | _aggresser_ | _agressive_ | agression |
| b. | | _criminelle_ | crime |
| c. | nommer | | _nom_ |
| d. | _suspecter_ | suspecté(e) | _suspcion._ |
| e. | _solliciter_ | sollicité(e) | _sollicitation_ |
| f. | _hériter_ | | héritage |
| g. | juger | | _jugement_ |
| h. | appeler | | _appel_ |
| i. | _témoingner_ | | témoin |
| j. | | coupable | _coupable._ |

## ❸ Synonymes et antonymes

réponses, p. 114

I. Remplacez les termes entre parenthèses par des synonymes.

a. Cette voiture est mal _stationne_ (garée) car elle est devant une bouche à incendie.

b. Hier j'ai reçu une _contravention_ (amende) parce que j'ai dépassé la limite de vitesse sur l'autoroute.

c. On a _libéré_ (relaché) cet homme parce qu'il était innocent.

d. Un _criminel_ (délinquant) est quelqu'un qui ne respecte pas la loi.

e. Ce _feuilleton_ (série télévisée) a du succès parce qu'il parle de procès de gens célèbres.

II. Pour que chaque phrase soit plus logique, remplacez le mot entre parenthèses par l'un des antonymes de la liste ci-dessous:

souvent     peu connu     illégal     innocent     passionnent

a. Les procès _passionnent_ (ennuient) tout le monde.

b. Cet homme sera relâché car il a été reconnu _innocent_ (coupable).

c. Ce procès ne fera pas parler de lui car l'accusé est _peu connu._ (célèbre).

d. On a ___souvent___ (ne... jamais) besoin de la justice.

e. Quand on fait quelque chose d'___illégal.___ (légal), on risque d'aller en prison.

❹ **Sens et contexte**                    *à faire corriger*

En vous aidant du dictionnaire, expliquez en français le sens des expressions suivantes.

a. excès de vitesse_____

b. passer au tribunal_____

c. appareil judiciaire_____

d. avoir des devoirs envers la justice_____

e. se soustraire à _____

❺ **D'une langue à l'autre**              *réponses, p. 114*

Retrouvez dans le texte d'introduction la traduction française des mots suivants.

a. *lawyer* ___avocat___

b. *witness* ___témoin___

c. *duty* ___devoir___

d. *citizen* ___citoyen___

e. *trial* ___procès___

f. *appeal* ___appel.___

# Lecture principale

*LES JURÉS*

Chaque année, 1 080 Montréalais ont «l'honneur» de faire partie
d'un jury. Pour certains, c'est l'occasion de briser la routine de
leur vie, mais pour d'autres, cela peut avoir des conséquences
désastreuses, dans leur travail en particulier. La <u>tâche</u> de juré est        le travail, le devoir
5   dérangeante, déstabilisante et parfois traumatisante.

Quand ils assistent à un procès, ils doivent rester toute la
journée assis dans une salle mal <u>aérée</u>, sans avoir le droit de        *ventilated*
poser des questions. Ils ne peuvent se déplacer qu'en groupe,
accompagnés de deux gardes, et ils sont presque coupés du
10   monde extérieur. Pendant les pauses, ils vont dans une salle vide,
appelée la salle des délibérations, petite et mal éclairée. Il n'y a pas
de téléphone, rien à lire, seulement un <u>calepin</u> et un crayon cha-        un cahier
cun. Ils s'ennuient en général très vite, et le temps passe lente-
ment.

15   La loi permet à certaines personnes de se soustraire à
l'obligation: les membres de certaines professions <u>reliées</u> au sys-        *associated*
tème judiciaire, les mères de famille célibataires sans gardienne,
les gens de plus de 65 ans, les travailleurs autonomes qui peuvent
prouver qu'ils ne peuvent pas quitter leur travail, ou ceux qui ont
20   été jurés au cours des cinq années précédentes. Au début, tout le

monde cherche à se faire excuser pour ne pas faire partie du jury.

Comment pouvez-vous être choisi pour être juré? Le processus de sélection n'est pas valorisant. Vous êtes choisi au hasard, à partir de la liste électorale, et vous vous présentez un lundi matin
25 au palais de justice. Vous ignorez jusqu'à la dernière minute à quel procès on vous destine, et vous attendez pendant des heures que l'on appelle votre nom. Les avocats vous choisissent en fonction de votre allure. Ils vous examinent des pieds à la tête, ce qui est parfois humiliant. Puis on vous donne des ordres secs: «Allez dans
30 cette salle. Prêtez serment. Asseyez-vous là.»

C'est souvent au cours des délibérations que les problèmes arrivent. Les jurés sont séquestrés dans une pièce sans fenêtre. Obligés de se prononcer à l'unanimité, ils vivent des heures angoissantes. L'atmosphère devient très vite étouffante. S'il n'y a
35 pas l'unanimité, il y a souvent des affrontements.

Les affaires plaidées devant jury sont toujours graves: meurtres, tentatives de meurtre, agressions sexuelles, trahisons... Les jurés auront leur verdict sur la conscience pendant des années. Ce verdict hante longtemps ceux qui se sont ralliés à la
40 majorité par lassitude ou par résignation. Comme ils sont obligés de garder le secret, ils n'ont même pas le droit de partager leur fardeau avec leur entourage.

Jusqu'à il y a dix ans, on séquestrait assez souvent les jurys, pour les garder à l'abri des journaux, bulletins télévisés, et com-
45 mentaires qui pourraient les influencer. Aujourd'hui on pense qu'un juré mieux informé peut faire la différence entre les nouvelles médiatiques et ce qu'il entend en cour. C'est aussi pour économiser de l'argent qu'on laisse les jurés rentrer chez eux.

Les jurés ne coûtent pas cher à l'État quand même! Jusqu'en
50 1969, un juré recevait $10 par jour, $25 s'il était séquestré. Aujourd'hui il reçoit $25 par jour pendant les 10 premiers jours, puis $40 par jour, non imposables. Mais cela est insuffisant. Le salaire d'un procureur de la couronne est passé, entre 1969 et 1993, de $12 000 à $60 000 moyenne. Celui d'un juge est passé
55 de $42 240 en 1977 à $113 492 en juillet 1992...

Pour les jurés, le problème est de conserver leur travail. La loi interdit à un employeur de congédier ou de pénaliser un employé nommé juré, mais elle ne l'oblige pas à le rémunérer. Les employés syndiqués et ceux des grandes entreprises continuent
60 généralement de toucher leur salaire. Mais dans les petites entreprises, à moins de travailler après les heures d'audience, l'employé qui fait son «devoir de citoyen» doit souvent se contenter des $25 par jour. On fournit aussi le repas du midi, deux collations, deux billets d'autobus ou le stationnement de leur auto-
65 mobile.

Parfois les procès durent plusieurs mois et il arrive que les

| | |
|---|---|
| | *flattering* |
| | *law court* |
| | apparence |
| | les conflits |
| | *treason* |
| | se sont joints |
| | *burden* |
| | *taxable* |
| | *Crown attorney* |
| | *unionized* |
| | *snacks* |

conséquences en soient dramatiques. Certains jurés perdent leur travail, d'autres qui sont au chômage n'ont pas le temps et la possibilité d'en chercher un nouveau. Il y a des cas vraiment

70 désespérés. Parfois, pour <u>se débarrasser</u> de cette tâche <u>encombrante</u>, les jurés sont tentés d'en finir vite, de se prononcer plus rapidement qu'il ne le faudrait sur un cas.

*to get rid of*; difficile

Faire son devoir de citoyen n'est pas une chose facile et il faut en payer le prix. «L'honneur» d'être choisi pour être juré peut se

75 révéler fatal pour votre vie privée et professionnelle. Une seule solution si vous ne voulez pas de cet honneur: ne <u>vous inscrivez</u> plus sur la liste électorale!

*vous enregistrez*

*(Adapté de «Les jurés accusent», de Véronique Robert, dans* L'actualité, *février 1994)*

## EXERCICES SUR LA LECTURE

### ❶ Synonymes

*réponses, p. 114*

Trouvez dans la colonne B les synonymes des termes de la colonne A. Mettez la lettre correspondant à votre choix dans l'espace qui vous est fourni.

| | A | | | B |
|---|---|---|---|---|
| 1. | éclairer | c | a. | amende |
| 2. | briser | f | b. | choix |
| 3. | contravention | a | c. | illuminer |
| 4. | salle | g | d. | devoir |
| 5. | criminel | h | e. | stationner |
| 6. | sélection | b | f. | rompre |
| 7. | célèbre | i | g. | pièce |
| 8. | garer | e | h. | délinquant |
| 9. | allure | j | i. | connu |
| 10. | obligation | d | j. | apparence |

### ❷ Famille de mots

*réponses, p. 114*

Trouvez le nom correspondant aux verbes suivants. Écrivez votre réponse dans l'espace qui vous est fourni.

| | | | | | |
|---|---|---|---|---|---|
| a. | traumatiser | trauma | f. | destiner | destination |
| b. | accompagner | compagnon | g. | ignorer | ignorance |
| c. | déplacer | déplacement | h. | valoriser | valeur |
| d. | aérer | aération | i. | humilier | humiliation |
| e. | prouver | preuve | j. | tenter | tentation |

### ❸ Moulin à phrases

*à faire corriger*

Faites des phrases (d'au moins dix mots) illustrant bien le sens des termes suivants.

a. assister à un procès _____

_____

b. au cours de _____

_____

c. à l'unanimité _____

d. jusqu'à il y a dix ans _____

_____

e. au hasard _____

_____

*réponses, p. 114*

## ❹ Vrai ou faux?

Indiquez si l'énoncé est vrai (V) ou faux (F) dans l'espace qui vous est fourni.

a. Le travail d'un juré est très facile. ___F___

b. Les jurés sont choisis au hasard à partir de la liste électorale. ___V___

c. Personne, sans exception, ne peut refuser de faire partie d'un jury. ___F___

d. Les affaires qui ont besoin d'un jury sont les moins importantes. ___F___

e. Les jurés gagnent très peu d'argent. ___V___

## ❺ Compréhension

*à faire corriger*

Après avoir relu la lecture principale, répondez aux questions suivantes.

a. Quel est le ton de l'auteur quand il dit: «Chaque année, 1 080 Montréalais ont "l'honneur" de faire partie d'un jury»? Expliquez.

_____

_____

b. La tâche de juré est-elle vue de façon positive par tout le monde? Donnez des exemples.

_____

_____

c. Décrivez la journée d'un juré quand il assiste à un procès.

_____

_____

d. Quelles sont les personnes qui peuvent éviter de faire partie d'un jury?

_____

_____

e. Comment peut-on être choisi?

_____

_____

f. Qu'est-ce que les jurés sont obligés de faire pour terminer un cas?

_____

_____

g. Quel genre d'affaire les jurés doivent-ils juger?

_____

_____

h. Pourquoi séquestre-t-on les jurés?

_____

_____

i. Combien gagne un juré aujourd'hui?

_____

_____

j. Qu'est-ce qui peut arriver de plus grave à un juré qui travaille?

_____

_____

EXERCICE

## Partie I  Familles de mots

*(10 x 0.5 = 5 points)*

Complétez le tableau suivant.

| verbes | adjectifs | noms |
|---|---|---|
| a. *suspecter* | | suspect |
| hériter | | b. *heritage* |
| c. *innocenter* | innocent(e) | d. *innocence* |
| e. *témoigner* | | témoin |
| prouver | | f. *preve* |
| g. *légaliser* | légal(e) | h. *legalation* |
| choisir | | i. *choix* |
| séquestrer | | j. *séquestrait* |

⟲ 5

## Partie II  Synonymes

*(10 x 0.5 = 5 points)*

Trouvez dans la colonne B les synonymes des termes de la colonne A. Mettez la lettre correspondant à votre choix dans l'espace qui vous est fourni.

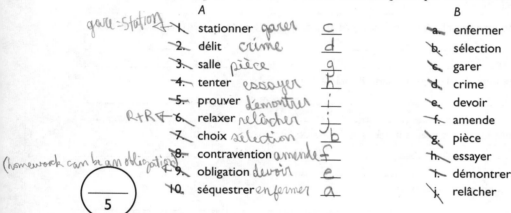

*gare = station*

| | A | | |
|---|---|---|---|
| 1. | stationner *garer* | **c** | |
| 2. | délit *crime* | **d** | |
| 3. | salle *pièce* | **g** | |
| 4. | tenter *essayer* | **h** | |
| 5. | prouver *demontrer* | **i** | |
| *R+R* 6. | relaxer *relâcher* | **j** | |
| 7. | choix *sélection* | **b** | |
| 8. | contravention *amende* | **f** | |
| 9. | obligation *devoir* | **e** | |
| 10. | séquestrer *enfermer* | **a** | |

| | B |
|---|---|
| a. | enfermer |
| b. | sélection |
| c. | garer |
| d. | crime |
| e. | devoir |
| f. | amende |
| g. | pièce |
| h. | essayer |
| i. | démontrer |
| j. | relâcher |

*(homework can be an obligation)*

⟲ 5

## Partie III  Compréhension

*(10 x 2 = 20 points)*

En vous basant sur la lecture principale de ce chapitre, choisissez l'élément qui complète le mieux le début de phrase qui vous est donné. Mettez la lettre correspondant à votre choix dans l'espace qui vous est fourni.

**a** 1. La tâche de juré est...
- (a.) difficile.
- b. facile.
- c. intéressante financièrement.
- d. sans problème.

**d** 2. Quand ils assistent à un procès, les jurés...
- a. ont beaucoup de liberté.
- b. rencontrent beaucoup de gens intéressants.
- c. trouvent du travail.
- (d.) se déplacent en groupe et sous surveillance.

_a_ 3. Quand ils délibèrent, les jurés restent dans...

    (a.) un grand salon.

    b. une salle de cinéma.

    c. une pièce inconfortable.

    d. la salle d'audience.

_b_ 4. En général les jurés...

    a. s'amusent beaucoup.

    (b.) s'ennuient très vite.

    c. jouent aux cartes.

    d. lisent des magazines.

_d_ 5. Ils sont choisis...

    a. avec beaucoup de soin.

    b. en fonction de leur nom.

    c. en fonction de leur métier.

    (d.) au hasard.

_d_ 6. Les avocats se fient...

    a. à l'apparence des jurés.

    b. au nom des jurés.

    c. au métier des jurés.

    (d.) aux réponses des jurés.

_a_ 7. Pour en finir avec les délibérations, les jurés doivent...

    (a.) déclarer l'accusé coupable.

    b. déclarer l'accusé innocent.

    c. se prononcer à l'unanimité.

    d. être départagés.

_d_ 8. Les affaires plaidées devant un jury sont toujours...

    a. banales.

    b. graves.

    c. célèbres.

    (d.) longues.

_c_ 9. L'argent que gagnent les jurés est...

    a. suffisant pour vivre.

    b. meilleur que leur salaire.

    (c.) insuffisant.

    d. payé par les avocats.

_d_ 10. Une des pires choses qui puissent arriver à un juré est...

    a. d'être accusé à la place du coupable.

    b. de perdre son travail.

    c. de changer de travail.

    (d.) de travailler à la cour.

20

## Partie IV    Travaux sur texte

### A    Le mot juste
*(10 x 1 = 10 points)*

Dans le texte suivant, des espaces ont été laissés vides. Trouvez dans la liste ci-dessous les mots qui peuvent compléter le texte. Faites tout changement grammatical nécessaire.

| | | | | |
|---|---|---|---|---|
| témoignage | tribunal | crime | citoyen | heure |
| reconnaître | pénible | procès | fois | juré |

*LES TÉMOINS*

Les jurés ne sont pas les seuls (1) _____ obligés de faire leur devoir au
(2) _____. Il y a aussi les témoins. Les témoins oculaires sont les personnes qui ont assisté à un (3) _____ ou une infraction, qui ont vu comment cela s'est passé et qui peuvent éventuellement (4) _____ les coupables. Leur (5) _____ est très important au cours d'un (6) _____ car il permet de reconstituer les faits, c'est-à-dire de visualiser ce qui est arrivé.

   Leur travail est parfois aussi (7) _____ que celui des (8) _____. Dans les procès importants, ils sont rappelés plusieurs (9)_____, et ils attendent souvent des (10) _____ pour s'exprimer cinq minutes.

*(Adapté de «Les jurés accusent», de Véronique Robert, dans* L'actualité, *février 1994)*

### B    Mots superflus
*(10 x 0.5 = 5 points)*

Dans le texte suivant, des mots qui ne sont pas nécessaires ont été rajoutés. Soulignez les dix mots superflus.

*LES TÉMOINS* (suite)

Les témoins sont aussi payés dollars, mais de façon insatisfaisante: $12 par jour. En réalité faux, ils sont payés $20 pour 8 heures, plus égal les frais de transport et les repas diététiques. Mais on ne les garde que pour 5 heures, ce qui leur fait mal gagner $12 seulement. Parfois les témoins préfèrent dire qu'ils n'ont rien vu pour éviter de perdre du temps perdu pour si peu d'argent. Par contre, pour les affaires moins importantes, ils ne sont appelés au téléphone qu'une fois et ils aiment en général se sentir plus brave guerrier devant un petit délinquant sans importance que devant un grand méchant loup criminel dans une grosse affaire de meurtre. Ce sont des sortes d'antihéros modernes antiquité.

### C    Compréhension de texte
*(5 x 1 = 5 points)*

Après avoir fait les exercices A et B, vous pouvez reconstituer le texte précédent avec ses deux parties. Répondez alors au questionnaire à choix multiples. Mettez la lettre correspondant à votre choix dans l'espace qui vous est fourni.

___    1.    Les témoins sont...

    a.    choisis dans la liste électorale.

    b.    des citoyens qui font leur devoir durant un procès.

    c.    des jurés qui ont assisté à un crime.

    d.    des criminels.

_____ 2. Les témoins vont au tribunal car...

    a.     ils connaissent les jurés.

    b.     ils connaissent mieux la loi.

    c.     ils ont assisté à un crime.

    d.     ils ont commis un crime.

_____ 3. Leur témoignage sert à...

    a.     identifier les jurés.

    b.     choisir les innocents.

    c.     choisir les juges.

    d.     reconstituer les circonstances d'un crime.

_____ 4. Leur travail est...

    a.     parfois aussi dur que celui des jurés.

    b.     sans importance.

    c.     intéressant.

    d.     inutile.

_____ 5. Leur salaire est...

    a.     satisfaisant.

    b.     le même que celui des jurés.

    c.     le même que celui des juges.

    d.     très bas.

$$\frac{\quad}{5}$$

_réponses, p. 114_

Résultat du test

$$\frac{\quad}{50} \times 2 = \frac{\quad}{100}$$

# cinq
## LES DIMANCHES

PRISE DE CONSCIENCE

1. Décrivez votre façon de passer la fin de semaine. En êtes-vous satisfait(e)?
2. Préféreriez-vous avoir une rupture en milieu de semaine et moins de temps en fin de semaine?
3. Quel est votre dimanche idéal?

## Texte d'introduction

*LA DÉTENTE DE FIN DE SEMAINE*

Après une semaine de travail <u>harassante</u>, après la sortie au     fatigante
restaurant, au club ou au théâtre avec les amis le samedi soir, il
est agréable et reposant de se retrouver en famille le dimanche.

    La fin de semaine est encore, pour beaucoup de gens, le
5  moment où on se relaxe, on oublie le travail, et on change de
rythme. Avant, les familles allaient ensemble à l'église. Il y avait le
repas familial qui réunissait petits et grands autour de la table de
la salle à manger. Bien souvent ce repas était le seul que la famille
partageait en entier, car les parents et les enfants n'ont pas le
10  même emploi du temps.

    Maintenant la télévision semble avoir remplacé peu à peu
l'église. Les programmes du dimanche sont spécialement faits
pour intéresser toute la famille et garder les parents à côté des
enfants devant l'écran.

15    La journée du dimanche commence en général tard, car on en
profite pour <u>faire la grasse matinée</u>. Souvent on se laisse aller et     dormir tard
on reste en pyjama et robe de chambre jusqu'au soir. C'est aussi
le moment où on peut penser aux distractions, comme aller au
cinéma, à la pêche, faire des promenades, ou <u>pratiquer</u> son sport     jouer à
20  préféré. Tout cela repose du travail et c'est pourquoi le dimanche
est considéré par beaucoup de gens comme le jour où on ne fait
rien, ou presque.

VOCABULAIRE DE BASE

**Les activités du dimanche en ville:** le cinéma, le théâtre, le cirque, les spectacles *(m)*
de rue, les cafés *(m)*, le lèche-vitrine, les promenades *(f)* au parc ou dans les jardins
publics, les concerts *(m)*, les sports *(m)*

**Les activités du dimanche à la campagne:** les promenades *(f)* dans la nature, la pêche, la chasse, la cueillette (des champignons, des fruits, des fleurs), la fête du village (la foire, la fête foraine), les visites *(f)* de la région (les sites historiques, les châteaux), les sports *(m)* en plein air (le football, le base-ball, l'équitation *(f)*, la course à pied), les promenades *(f)* en bicyclette, le jardinage, le bricolage, les bains *(m)* de soleil, les jeux *(m)* de jardin

# Stratégie de lecture

*LES PRÉFIXES*

On peut souvent deviner le sens de certains mots selon leurs préfixes. Ainsi le préfixe *re-* comme dans *refaire* ou *«rewrite»* signifie la répétition à la fois en français et en anglais. Le préfixe *anti-* signifie l'opposition dans les deux langues. *Antiraciste* veut donc dire *opposé au racisme*. Vous pouvez trouver le sens de la plupart des préfixes dans le dictionnaire *Robert Méthodique*.

**Exercices pratiques**

1. Que signifie les préfixes suivants?

a. dé-_____

b. ex-_____

c. télé-_____

d. auto- _____

e. in- _____

2. Cherchez des mots formés avec des préfixes dans le texte d'introduction.

_____  _____  _____  _____

## EXERCICES SUR LE VOCABULAIRE

**❶ Vocabulaire en contexte**                                    *réponses, p. 114*

Complétez le tableau suivant en utilisant les mots de la liste ci-dessous:

se promener à la campagne   se délasser   fatigante   au boulot   la déprime

**Après une semaine de travail souvent...**

-harassante

-épuisante

-éreintante

-stressante

a. _fatigant_

**on a hâte que le dimanche arrive pour...**

-se détendre

-se reposer

-se relaxer

-décompresser

-se distraire

b. _se délasser_

**en faisant toutes sortes de choses comme...**

> -la grasse matinée
>
> -lire un roman
>
> -regarder la télévision
>
> -recevoir la famille

c. _se promener à la campagne._

**mais quand le dimanche se termine alors c'est...**

> -la mélancolie
>
> -la nostalgie
>
> -le regret

d. _la déprime_

**car le lendemain lundi il faut retourner...**

> -au travail
>
> -au bureau
>
> -à l'usine
>
> -à l'école

e. _au boulot._

## ❷ Familles de mots

*réponses, p. 114*

Complétez le tableau suivant. Consultez le dictionnaire si c'est nécessaire.

| | verbes | adjectifs | noms |
|---|---|---|---|
| a. | _travailler_ | _Travailleur_ | travail |
| b. | sortir | | _sortie_ |
| c. | _finir_ | _fini_ | fin |
| d. | _Réunir_ | réuni(e) | _réunion_ |
| e. | _familiariser_ | _familial_ | famille |
| f. | _spécialiser_ | spécial(e) | _spécialité_ |
| g. | profiter | _profitable_ | _profit_ |
| h. | _tarder_ | tardif(-ive) | _retard_ |
| i. | _distraire_ | _distrait_ | distraction |
| j. | pêcher | | _pêche_ |

## ❸ Synonymes et antonymes

*réponses, p. 114*

I. Trouvez dans la colonne B les synonymes des termes de la colonne A. Mettez la lettre correspondant à votre choix dans l'espace qui vous est fourni.

| | A | | | B |
|---|---|---|---|---|
| 1. | harassant | _b_ | a. | se relaxer |
| 2. | énervant | _d_ | b. | fatigant |
| 3. | se reposer | _a_ | c. | flâner |
| 4. | distraction | _f_ | d. | stressant |
| 5. | se promener | _c_ | e. | boulot |
| 6. | tristesse | _g_ | f. | loisir |
| 7. | télévision | _h_ | g. | mélancolie |
| 8. | travail | _e_ | h. | petit écran |

II. Trouvez dans la colonne B les antonymes des termes de la colonne A. Mettez la lettre correspondant à votre choix dans l'espace qui vous est fourni.

| | A | | | B |
|---|---|---|---|---|
| 1. | repos | _c_ | a. | tôt |
| 2. | mélancolique | _d_ | b. | relaxant |
| 3. | ville | _f_ | c. | frénésie |
| 4. | sortir | _h_ | d. | gai |
| 5. | épuisant | _b_ | e. | ennemi |
| 6. | laisser-aller | _g_ | f. | campagne |
| 7. | tard | _a_ | g. | contrôle |
| 8. | ami | _e_ | h. | rentrer |

❹ **D'une langue à l'autre**                    *réponses, p. 114*

Retrouvez dans le texte d'introduction la traduction française des expressions suivantes.

a. *together* ~~ensemble~~
b. *around the table* ~~_____~~ autour la table
c. *schedule* ~~_____~~ emploi du temps
d. *little by little* ~~_____~~ petit à petit
e. *side by side* ~~_____~~ côte à côte

❺ **Sens et contexte**                    *à faire corriger*

En vous aidant du dictionnaire, expliquez en français le sens des expressions suivantes.

a. faire la grasse matinée ~~_____~~
b. pratiquer un sport _____
c. faire du lèche-vitrine _window shopping_
d. faire du bricolage _____

**E X E R C I C E**

# Lecture principale

*LES DIMANCHES*

Dans les dimanches de notre enfance, il y avait une certaine
solennité, des rubans de satin et de la <u>dentelle</u> blanche aux robes     *lace*
des petites filles et de la musique classique à la radio AM de
Radio-Canada. Il y avait aussi du rosbif fumant quand les grands-
5  parents venaient déjeuner après la messe, et des légumes exo-
tiques comme des brocolis. Il y avait du vin sur la table et même
les enfants avaient le droit d'y goûter. Il faisait toujours beau.
C'était le dimanche que les tulipes s'ouvraient au printemps et
que les oiseaux sortaient sur les routes de <u>gravier</u>. L'air et la     *gravel*
10  lumière n'avaient pas la même texture. L'après-midi, la porte de
la chambre des parents était fermée et on n'avait pas le droit de
les <u>déranger</u>. C'était la journée du grand <u>retour à la case départ</u>,     *ennuyer; back to*
car les punitions de la semaine <u>venaient à échéance</u> et on finissait     *square one;*
les devoirs en retard. Plus encore que la messe, c'était ça, la cause     *se terminaient*
15  de la <u>déprime</u> du dimanche. Toute la journée se déroulait selon     *la dépression*
un rituel <u>nonchalant</u>.     *lent*

Le dimanche a toujours été le jour des familles. Et le dimanche soir est un moment particulier. Les gens redeviennent eux-mêmes la fin de semaine, et c'est un soir où ils peuvent voir les choses avec un esprit renouvelé.

20     C'est encore une journée <u>hors cadre</u>. Les chaises du jardin remplacent celles de la cuisine, le vélo remplace l'auto, on lit des romans à la mode. C'est pour ça qu'on aime le dimanche et qu'on lui trouve une couleur propre. C'est aussi pour ça que d'autres le

25 détestent et s'y ennuient, <u>privés</u> d'un rythme auquel ils sont habitués.

    Pour certains les dimanches peuvent être angoissants. C'est le vide, les gens ne sont pas habitués à sortir, ni à s'amuser. Il n'y a pas d'activité, pas de circulation dans les rues. Les rares passants

30 sont des promeneurs. Tout cela peut être aliénant pour ceux qui ne connaissent que la frénésie du travail.

    Travailler le dimanche pose des problèmes à la société. Pour ceux qui doivent travailler dans les magasins le dimanche, il n'y a plus de vie familiale possible. C'est pourquoi la politique inter-

35 vient, au Québec en particulier. Contrairement à ce que l'on pourrait croire, l'ancienne loi imposant la fermeture des com-merces n'a pas été l'œuvre des catholiques. C'est une coalition de syndicats et d'églises protestantes, la Lord's Day Alliance, qui a incité le gouvernement fédéral à adopter la première loi du

40 dimanche, en 1906. Cette loi a changé depuis, mais, même si cer-tains magasins restent ouverts le dimanche, il y a peu de monde qui les visitent. En attendant que les consommateurs prennent l'habitude du magasinage <u>dominical</u>, des commerçants ouvrent leurs portes un dimanche sur deux, l'après-midi, quand il fait beau

45 et que les <u>badauds</u> font du <u>lèche-vitrine</u>.

    Le côté religieux du dimanche existe encore même si les familles ne vont plus aussi souvent ensemble à l'église. Certaines cultures, plus que d'autres, ont gardé l'aspect spirituel de la fête du dimanche. Les Montréalais haïtiens, eux, <u>s'endimanchent</u>

50 encore. Ils arrivent par groupe de trois ou quatre, les hommes en beaux habits, les femmes en <u>tailleurs</u> chic, les fillettes en belles robes, et ils se pressent à l'entrée d'un sous-sol d'église. C'est toujours une joyeuse fête de famille, surtout chez les catholiques.

    À Montréal encore, les jeunes trouvent de nouvelles occupa-

55 tions pour le dimanche. La culture a remplacé certaines tradi-tions, et les amis ont remplacé la famille. Il y a dix ans que les pre-miers percussionnistes ont pris l'habitude de se rassembler, le dimanche après-midi, au pied du monument de la Confédération au parc Jeanne-Mance pour faire la fête. C'est devenu, <u>au fil des</u>

60 <u>ans,</u> le rendez-vous le plus cosmopolite du Canada. De partout les gens y viennent pour écouter les <u>tam-tams</u> d'Afrique et par-

*Marginal glosses:*
- inhabituelle
- deprived
- du dimanche
- les promeneurs; *window shopping*
- s'habillent bien
- les costumes deux-pièces pour les femmes
- *over the years*
- les tambours

fois se joindre aux danseurs. L'esprit de la fête et de la réunion est toujours là.

Le dimanche reste le symbole du repos loin du travail. C'est
65 une pause bien méritée dans la semaine. C'est pour cela que le «blues» des fins de dimanche frappe encore. Tout le monde, ou presque, a ressenti ce creux de vague, mélancolique, qui marque    *low point*
les dernières heures du dimanche. La fin du week-end est proche, il est temps de faire les devoirs que les enfants ont repoussés
70 jusqu'à l'ultime échéance, le métro-boulot-dodo arrive à grands    le dernier moment;
pas. C'est un moment où beaucoup de gens redeviennent nostal-    *daily routine*
giques. Ils sentent qu'ils doivent retourner à l'esclavage du travail.    *slavery*
Finalement, la seule chose qui rende la perspective du lundi supportable, c'est de penser déjà au dimanche prochain!

*(Adapté de «Vivement le dimanche!», de Luc Chartrand, dans L'actualité, juillet 1994)*

## EXERCICES SUR LA LECTURE

*réponses, p. 114*

❶ **Synonymes**

Trouvez dans la colonne B les synonymes des termes de la colonne A. Mettez la lettre correspondant à votre choix dans l'espace qui vous est fourni.

| A | | B |
|---|---|---|
| 1. épuisant | e | a. gravité |
| 2. se détendre | d | b. gai |
| 3. solennité | a | c. élégant |
| 4. nonchalant | f | d. se délasser |
| 5. s'amuser | j | e. éreintant |
| 6. dominical | h | f. sans contrainte |
| 7. chic | c | g. commerce |
| 8. magasinage | i | h. du dimanche |
| 9. magasin | g | i. lèche-vitrine |
| 10. joyeux | b | j. se distraire |

*réponses, p. 114*

❷ **Le mot juste**

Complétez les phrases suivantes avec des mots ou des expressions que vous devez trouver dans la lecture principale. Le chiffre vous renvoie à la ligne du texte appropriée.

a. Quand on est adulte, on se souvient toujours avec nostalgie de son ___enfance___, car c'était une période où on avait moins de soucis. (1)

b. Il me semble toujours que, le dimanche, le soleil chauffe et il ___fait beau___. (7)

c. Le déjeuner en famille avec mes grands-parents est un ___rituel___ que je ne manquerais jamais. (16)

d. Pour avoir la paix, mon mari et moi avons aménagé le ___sous-sol___ pour que les enfants descendent y jouer le dimanche. (52)

e. Je me souviens que j'avais le droit de ___boire___ un peu de vin avec le repas du dimanche quand j'étais petit. (7)

### ❸ Familles de mots

réponses, p. 114

Complétez le tableau suivant. Consultez le dictionnaire si c'est nécessaire.

| verbes | adjectifs | noms |
|--------|-----------|------|
| a. *fermer* | *fermée* | fermeture |
| b. dérouler | | *déroulement* |
| c. *priver* | privé(e) | |
| d. *vider* | *vide* | vide |
| e. *ouvrir* | *ouvert* | ouverture |
| f. inciter | *incité* | *incitation* |
| g. | *joyeux(euse)* | joie |
| h. *occuper* | *occupé* | occupation |
| i. cuisiner | | *cuisine* |
| j. *aliéner* | aliéné(e) | *aliénation* |

### ❹ Moulin à phrases

à faire corriger

Faites des phrases (d'au moins dix mots) illustrant bien le sens des termes suivants.

a. prochain _____

_____

b. supportable _____

c. au pied de *Au pied de mon lit il y avait une couverture*

d. pause *Elle à pause le film pour aller à la toilette*

e. esclavage _____

### ❺ Vrai ou faux?

réponses, p. 114

Indiquez si l'énoncé est vrai (V) ou faux (F) dans l'espace qui vous est fourni.

a. Le dimanche, les enfants reçoivent de nouvelles punitions.   F

b. Le dimanche est encore un jour particulier.   V

c. Tout le monde aime le dimanche.   F

d. Le côté religieux du dimanche n'existe plus du tout.   F

e. Les Montréalais haïtiens s'habillent très bien le dimanche.   V

### ❻ Compréhension

à faire corriger

Après avoir relu la lecture principale, répondez aux questions suivantes.

a. Les dimanches d'autrefois avaient-ils l'air agréable? Pourquoi?

_____

_____

b. Que veut dire le journaliste quand il dit: «Il faisait toujours beau»?

_____

_____

c. Les enfants finissaient-ils leurs devoirs avant la fin de la semaine? Expliquez.

_____

_____

d. Est-ce que les dimanches plaisent à tout le monde? Pourquoi?

_____

_____

e. Est-il facile de travailler le dimanche? Pourquoi?

_____

_____

f. Qui a imposé la première loi sur la fermeture des magasins le dimanche?

_____

_____

g. Le côté religieux du dimanche a-t-il complètement disparu? Donnez des exemples.

_____

_____

h. Que viennent voir les gens, le dimanche au parc Jeanne-Mance?

Les gens va au parc Jeanne-Mance pour écouter les tam-tams d'Afrique.

i. De quoi le dimanche est-il toujours le symbole?

Le dimanche est le symbole du repos

j. Pourquoi les gens sont-ils déprimés le dimanche?

Les gen sont déprimés le dimanch parce qu'il doivent aller travailler le Lundi.

## Partie I    Familles de mots

*(10 x 0.5 = 5 points)*

Complétez le tableau suivant.

| verbes | adjectifs | noms |
|---|---|---|
| a._____ |  | sortie |
| b._____ | final(e) | c._____ |
|  | spécial(e) | d._____ |
| e._____ | familial(e) | f._____ |
| g._____ | distrait(e) | h._____ |
| i._____ | joie |  |
|  | ouvert(e) | j._____ |

5

## Partie II    Synonymes

*(10 x 0.5 = 5 points)*

Trouvez dans la colonne B les synonymes des termes de la colonne A. Mettez la lettre correspondant à votre choix dans l'espace qui vous est fourni.

| | A | | | B |
|---|---|---|---|---|
| 1. | fatigant | ___ | a. | magasinage |
| 2. | commerce | ___ | b. | se délasser |
| 3. | gai | ___ | c. | se promener |
| 4. | lèche-vitrine | ___ | d. | joyeux |
| 5. | se relaxer | ___ | e. | épuisant |
| 6. | loisir | ___ | f. | magasin |
| 7. | flâner | ___ | g. | triste |
| 8. | déprimant | ___ | h. | distraction |
| 9. | nostalgie | ___ | i. | énervant |
| 10. | stressant | ___ | j. | regret |

5

## Partie III    Compréhension

*(10 x 2 = 20 points)*

En vous basant sur la lecture principale de ce chapitre, choisissez l'élément qui complète le mieux le début de phrase qui vous est donné. Mettez la lettre correspondant à votre choix dans l'espace qui vous est fourni.

___    1.    Dans les dimanches de notre enfance, il faisait toujours...

    a.    mauvais temps.

    b.    froid.

    c.    beau.

    d.    du vent.

___    2.    Le dimanche est en général le jour...

    a.    du travail.

    b.    des animaux.

    c.    des ennemis.

    d.    des familles.

_____ 3. Les dimanches sont...

    a. appréciés par tout le monde.

    b. détestés par certains.

    c. appréciés par les commerçants.

    d. redoutés par les enfants.

_____ 4. Si on travaille le dimanche, on...

    a. n'a plus de vie familiale.

    b. gagne moins d'argent.

    c. perd des clients.

    d. se repose le lundi.

_____ 5. La Lord's Day Alliance est...

    a. une institution catholique.

    b. une association de commerçants.

    c. une coalition de patrons d'entreprises.

    d. une coalition de syndicats et d'églises protestantes.

_____ 6. Les Montréalais qui s'habillent encore bien le dimanche sont...

    a. canadiens anglais.

    b. québécois.

    c. haïtiens.

    d. tahitiens.

_____ 7. Le dimanche, les Montréalais sont en général...

    a. très gais.

    b. austères.

    c. mal habillés.

    d. portés sur la boisson.

_____ 8. Maintenant les jeunes ont remplacé la famille par...

    a. la culture.

    b. la musique.

    c. le sport.

    d. les amis.

_____ 9. Au parc Jeanne-Mance on peut entendre le dimanche...

    a. des tam-tams.

    b. du violon.

    c. des trompettes.

    d. de la musique classique.

_____ 10. Quand le dimanche se termine, on ressent souvent...

    a. de la joie.

    b. de la fatigue.

    c. de la déprime.

    d. du soulagement.

20

## Partie IV    Travaux sur texte

### A    Le mot juste

(10 x 1 = 10 points)

Dans le texte suivant, des espaces ont été laissés vides. Trouvez dans la liste ci-dessous les mots qui peuvent compléter le texte. Faites tout changement grammatical nécessaire.

| pêche | autre | sport | promenade | garage |
|-------|-------|-------|-----------|--------|
| rôle | devoir | ménage | changer | télévision |

*LES ACTIVITÉS TRADITIONNELLES DU DIMANCHE*

Les distractions varient d'une personne à une (1) _____ en ce qui concerne le dimanche. Parfois on retrouve les (2) _____ traditionnels des sexes, mais les goûts ont changé. On s'imagine les hommes préférant aller à la (3) _____, jouer au base-ball, ou au football. On pense qu'ils sont mieux dans leur (4) _____ en train de bricoler leur voiture, ou devant la (5) _____ avec une bière en train de regarder les (6) _____. Les femmes sont en général imaginées faisant des (7) _____ en forêt, du jardinage, des travaux de couture ou du tricot. Ou alors elles cuisinent pour la famille, surveillent les (8) _____ des enfants, font le (9) _____ pour la semaine. Mais tout cela a (10) _____.

⎯10⎯

### B    Mots superflus

(10 x 0.5 = 5 points)

Dans le texte suivant, des mots qui ne sont pas nécessaires ont été rajoutés. Soulignez les dix mots superflus.

*LES ACTIVITÉS TRADITIONNELLES DU DIMANCHE* (suite)

Aujourd'hui, les distractions tristes sont les mêmes pour les deux sexes. Hommes et femmes animaux aiment aller au cinéma télévision, écouter de la musique, ou pratiquer le même genre d'activité. Les sports verts ne sont plus uniquement réservés aux hommes. On voit des femmes pratiquer des sports différents comme l'alpinisme haut, le bateau à voile, l'équitation, ou la course à pied en voiture. Les couples essayent de partager part les tâches du foyer extérieur. Comme cela ils peuvent être à égalité pour leurs loisirs et en profiter ensemble. Les femmes aussi sont méritent de décompresser après plusieurs jours de travail, et le sport rugueux et la culture semblent être leurs distractions préférées avant le jardinage ou le tricot.

⎯5⎯

### C    Compréhension de texte

(5 x 1 = 5 points)

Après avoir fait les exercices A et B, vous pouvez reconstituer le texte précédent avec ses deux parties. Répondez alors au questionnaire à choix multiples. Mettez la lettre correspondant à votre choix dans l'espace qui vous est fourni.

____    1.    Parmi leurs loisirs préférés, les hommes aiment...

        a.    aller au bureau.

        b.    faire du tricot.

        c.    jardiner.

        d.    aller à la pêche.

___ 2. Par rapport aux hommes, les femmes avaient des loisirs...
- a. plus calmes.
- b. plus violents.
- c. plus intellectuels.
- d. moins variés.

___ 3. Aujourd'hui les gens se distraient...
- a. chacun de leur côté.
- b. de la même façon.
- c. en couple.
- d. sans les enfants.

___ 4. Pour pouvoir profiter de leurs loisirs ensemble, les couples...
- a. se séparent.
- b. font garder leurs enfants.
- c. engagent une femme de ménage.
- d. se partagent le travail à la maison.

___ 5. Les femmes aussi méritent de se détendre le dimanche parce qu'...
- a. elles ont moins de vacances que les hommes.
- b. elles s'occupent des devoirs des enfants.
- c. elles travaillent toute la semaine.
- d. elles préfèrent le jardinage.

*réponses, p. 115*

Résultat du test

$$\frac{\quad}{50} \times 2 = \frac{\quad}{100}$$

# six

# LE CIRQUE DU SOLEIL

1. Décrivez un spectacle (théâtre, cirque) auquel vous avez assisté.
2. Préférez-vous ce genre de spectacle à la télévision ou au cinéma?
3. Si vous étiez saltimbanque, que seriez-vous? Pourquoi?

## Texte d'introduction

*LE MONDE DU SPECTACLE*

À cause du cinéma et de la télévision, on va moins souvent au cirque ou au théâtre. Pourtant les spectacles et représentations <u>en direct</u> devant un public continuent de plaire. Certaines troupes de théâtre et de cirque ont plus de succès que d'autres.

5 C'est le cas du Cirque du Soleil au Québec, ou de la Comédie française en France.

Le rapport entre les acteurs et le public n'est pas le même dans une salle de théâtre, ou sous un chapiteau de cirque, que dans une salle de cinéma. Les applaudissements et les encourage-
10 ments du public ont une influence sur les artistes qui font leur numéro. Parfois les <u>sifflets</u> remplacent les bravos, ce qui peut être déprimant pour les comédiens qui peuvent avoir le <u>trac</u>, oublier leur texte ou mal jouer.

Il est donc difficile d'être un <u>saltimbanque</u> qui se produit
15 devant des gens assemblés pour les voir. Il y a quand même une ambiance plus chaleureuse et plus excitante dans une salle de spectacle que dans une salle de cinéma, car on peut voir les artistes de près, et ils peuvent changer leur performance, rester plus longtemps et nous satisfaire encore plus.

*"live"*

*boos*

*stage fright*

un(e) artiste de
    cirque

## VOCABULAIRE DE BASE

**Au théâtre ou au cirque, il n'y a pas que les artistes qui sont nécessaires au spectacle; il y a aussi:**
    **-dans le théâtre:** la scène, le rideau, le trou du souffleur, le décor, les coulisses *(f)*, les lumières *(f)*, les accessoires *(m)*, les costumes *(m)*
    **-dans le personnel:** le metteur en scène, le chorégraphe, le chef d'orchestre,

le souffleur, les figurants, le costumier, l'accessoiriste, le maquilleur, l'ingénieur du son

# Stratégie de lecture

*LE CONTEXTE*

Le contexte, c'est-à-dire l'ensemble du texte qui entoure un mot ou une expression, peut vous donner des indices de compréhension significatifs.

Si, par exemple, dans le deuxième paragraphe du texte d'introduction, le mot *chapiteau* vous donne des dificutés de compréhension, le contexte devrait vous aider à deviner la signification du terme. En effet, les mots *de cirque* qui suivent *chapiteau* vous indiquent que c'est un objet appartenant au cirque, et la préposition *sous* indique qu'il y a quelqu'un ou quelque chose en dessous de cet objet. Vous remarquez également qu'à l'aide de la conjonction *ou*, l'élément de phrase *sous un chapiteau de cirque* est contrasté à *dans une salle de théâtre*. Vous déduisez donc qu'*un chapiteau de cirque* veut dire *une tente de cirque*.

**Exercice pratique**

Expliquez le mot *sifflet* d'après le contexte du texte d'introduction.

_____

_____

## EXERCICES DE VOCABULAIRE

**EXERCICE**

············**❶  Vocabulaire en contexte**                    *réponses, p. 115*

Complétez le tableau suivant en utilisant les mots de la liste ci-dessous:

les danseurs          les applaudissements          un concert          les acrobates

**Si on en a assez du cinéma, on peut aller au /à...**

-cirque

-théâtre

-un ballet

-un spectacle de marionnettes

-un spectacle de rue

a. _____

**et si c'est le cirque qu'on choisit, on peut voir sur la piste...**

-les clowns

-les dompteurs d'animaux

-les jongleurs

-les équilibristes

-les cracheurs de feu

-les avaleurs de sabres

-les écuyers/les écuyères

b. _____

**alors que, sur une scène de théâtre, on verra...**

-les acteurs

-les comédiens

-les tragédiens

-les musiciens

-les chanteurs

-les mimes

c. _____

**mais ces artistes ont tous en commun le fait qu'ils aiment...**

-les bravos

-les ovations

-les encouragements

-les rires

d. _____

réponses, p. 115

## ❷ Familles de mots

Complétez le tableau suivant. Consultez le dictionnaire si c'est nécessaire.

| | *verbes* | *adjectifs* | *noms* |
|---|---|---|---|
| a. | _____ | _____ | représentation |
| b. | applaudir | | _____ |
| c. | _____ | _____ | influence |
| d. | encourager | | _____ |
| e. | dompter | | _____ |
| f. | _____ | | chanson |
| g. | | théâtral(e) | _____ |
| h. | | _____ | texte |
| i. | souffler | | _____ |
| j. | siffler | | _____ |

## ❸ Synonymes

réponses, p. 115

Trouvez dans la colonne B les synonymes des termes de la colonne A. Mettez la lettre correspondant à votre choix dans l'espace qui vous est fourni.

| | *A* | | | *B* | |
|---|---|---|---|---|---|
| 1. | représentation | ___ | a. | peur |
| 2. | dompteur | ___ | b. | séduire |
| 3. | chapiteau | ___ | c. | spectacle |
| 4. | trac | ___ | d. | dresseur |
| 5. | plaire | ___ | e. | tente |

## ❹ Sens et contexte

*à faire corriger*

En vous aidant du dictionnaire, expliquez en français le sens des mots suivants.

a. coulisses (de théâtre)_____

b. souffleur (de théâtre)_____

c. saltimbanque_____

d. accessoiriste_____

e. jongleur_____

## ❺ Phrases à pièges

*à faire corriger*

Corrigez les phrases suivantes pour qu'elles retrouvent un sens logique.

a. Le metteur en scène coordonne les ballets et le chorégraphe monte les pièces.

_____

_____

EXERCICE

EXERCICE

EXERCICE

b. L'acteur fait son numéro dans les coulisses.

_____

_____

c. Un spectacle de marionnettes est toujours joué par des animaux.

_____

_____

d. Les acrobates sont ceux qui prennent le moins de risque au cirque.

_____

_____

e. L'écuyère est tombée de son trapèze.

_____

_____

# Lecture  principale

*LE CIRQUE*
Franco Dragone est le metteur en scène du Cirque du Soleil. Né
en 1959 en Italie, il émigre en Belgique avec sa famille à l'âge de
7 ans. Son père travaille dans les mines de <u>charbon</u>. Les temps    *coal*
sont durs alors pour la famille, et les enfants ont du mal à parler
5 le français correctement. La culture <u>flamande</u> influence les goûts    *Flemish*
artistiques de Dragone. Il s'inspire des peintres belges et hollandais tels que Bosch, Bruegel, Rembrandt, Van Eyck, Van Dyck,
Rubens, Van Gogh. Ces maîtres sont pour lui des visionnaires, des
aventuriers de l'art visuel, qui, depuis cinq siècles, ont représenté
10 le monde dans tous ses états, corps et âme, anges et démons.
C'est à travers eux qu'il a appris à aimer l'histoire, la violente folie
et le sauvage mysticisme du Moyen Âge, le fabuleux théâtre de la
Renaissance, le rêve de la modernité. Il s'est inspiré de leurs
images, il a adopté leurs monstres, leurs <u>chimères</u>, leurs fantasmes    *les monstres*
15 qu'il libère dans ses mises en scène.    *mythologiques*

Il a été formé au Conservatoire royal d'art dramatique de
Bruxelles, où il s'est passionné pour les mises en scènes d'Ariane
Mnouchkine, de Dario Fo, pour les théories sur le théâtre et
l'espace vide de Peter Brook, et pour le théâtre immédiat de Bob
20 Wilson. Il a exploré le répertoire antique et classique. Il a tout lu,
de Sophocle à Shakespeare et Racine, de Beckett à Goldoni. Il
préfère lire le théâtre ancien et imaginer ses propres mises en
scène plutôt que d'aller voir ce qu'on fait en général dans les
théâtres conventionnels.
25 Il a travaillé pendant une dizaine d'année avec la Compagnie
du Campus, jeune théâtre proche des gens, dans le style du
théâtre-action. Il a souvent été en compagnie d'acteurs amateurs,
dans les lieux les plus divers, les rues, les prisons, les jardins, au
cœur même de la vraie vie. Puis il est tombé amoureux d'une

30  Québécoise et  s'est installé au Québec, où il a découvert le
    théâtre stimulant de Robert Lepage. Il s'est alors joint à la jeune
    équipe du Cirque du Soleil, qui, à l'époque, au milieu des années
    80, avait déjà trouvé ses couleurs, le jaune et le bleu. La troupe du
    Cirque du Soleil a un style particulier, un public fervent mais pas
35  encore la gloire.

    Franco Dragone est donc devenu le metteur en scène du
    Cirque du Soleil. Il a été décoré en Europe et en Amérique pour ses
    œuvres originales et vivantes. Pourtant il n'aime pas le cirque tradi-
    tionnel. Il trouve les clowns et les mimes ennuyeux et les animaux
40  déprimants. Il préfère les chimères, les monstres, les
    dragons, les personnages de la commedia dell'arte, les êtres chargés
    de symboles, de vécu. Il adore  les numéros de trapèze, où tout n'est    l'acrobatie
    que mouvements et <u>voltige</u>, couleurs, rythme et suspense, matières
    acrobatiques très riches avec lesquelles il remplit son espace, crée
45  de l'émotion forte, pure et brute, sans un mot.

    En 1993 il a présenté *Mystère*, une énorme représentation qui
    suivait une autre production phénoménale du Cirque du Soleil
    appelée *Saltimbanco*. Cependant *Mystère* était devenu trop dépri-
    mant, car c'était une œuvre aux thèmes lourds et sombres. Elle
50  parlait de la guerre, de la misère, de la violence, et cela fatiguait
    les membres de la troupe, dont certains venaient des pays de
    l'Est, de Russie et de Chine. Il y avait toujours quelqu'un dont le
    pays était déchiré, des garçons et des filles qui étaient sans nou-
    velles de leur famille ou qui ne pouvaient pas rentrer chez eux à
55  cause des guerres.

    C'est pourquoi tout le monde s'est joint spontanément à
    l'idée que le prochain spectacle serait une manifestation d'allé-
    gresse, un cri de joie aveugle, à l'opposé de *Mystère*. Dès qu'ils ont
    commencé à travaillé sur le projet, le scénographe, le musicien, la
60  costumière, le metteur en scène, l'administrateur, tous étaient
    habités par l'esprit d'*Alegría*.                                        la joie

    D'après Dragone, il faut avoir de l'optimisme pour crier sa joie
    dans ce monde en crise. Il faut savoir qu'il est inutile d'espérer que
    la science et la technologie <u>écartent</u> les dangers qui pèsent sur     font disparaître
65  nous, inutile d'attendre que les politiciens fassent preuve de sagesse
    ou qu'un grand changement <u>s'opérera</u> comme par magie à la          se produira
    première seconde de l'an 2000. Il faut simplement espérer de toutes
    ses forces que le goût de vivre, de sourire, de s'aimer ne passera
    pas... donc, *Alegría*, c'est le cri de joie général qui reste dans l'air, et
70  qui, grâce au Cirque du Soleil, sera entendu longtemps, dans le
    monde entier.

    *(Adapté de «Dragone, le philosophe du cirque», de Georges-Hébert Germain, dans* L'actualité,
    *juillet 1994)*

**❶ Synonymes**

*réponses, p. 115*

Trouvez dans la colonne B les synonymes des termes de la colonne A. Mettez la lettre correspondant à votre choix dans l'espace qui vous est fourni.

| A | | B |
|---|---|---|
| 1. visionnaire | ___ | a. troupe |
| 2. fabuleux | ___ | b. fastidieux |
| 3. compagnie | ___ | c. prophète |
| 4. gloire | ___ | d. merveilleux |
| 5. spectacle | ___ | e. joie |
| 6. ennuyeux | ___ | f. vieux |
| 7. déchiré | ___ | g. renommée |
| 8. ancien | ___ | h. représentation |
| 9. antipode | ___ | i. détruit |
| 10. allégresse | ___ | j. contraire |

**❷ Le mot juste**

*réponses, p. 115*

Complétez les phrases suivantes avec des mots ou des expressions que vous devez trouver dans la lecture principale. Le chiffre vous renvoie à la ligne du texte appropriée.

a. Molière jouait lui-même dans les pièces qu'il écrivait et qu'il mettait en _____. (1)

b. Beaucoup de pièces de Shakespeare s'_____ de drames antiques. (6)

c. Pour devenir acteur, on peut prendre des cours d'_____ _____. (16)

d. Une _____ de théâtre est composée de beaucoup de gens en plus des acteurs. (25)

e. Dans une troupe de théâtre, on se trouve souvent en _____ de personnages très différents et passionnants. (27)

f. Quand on travaille dans un théâtre, on _____ un monde inconnu et fascinant, celui des acteurs. (30)

g. Les acrobates sont mes artistes préférés; j'adore les voir _____ dans les airs. (43)

h. Les clowns font toujours pousser des _____ de _____ aux enfants. (69)

**❸ Moulin à phrases**

*à faire corriger*

Faites des phrases (d'au moins dix mots) illustrant bien le sens des termes suivants.

a. public _____

_____

b. rythme _____

_____

c. lourd _____

_____

d. aveuglé _____

_____

e. sauvage _____

_____

**❹ Vrai ou faux?** *réponses, p. 115*

Indiquez si l'énoncé est vrai (V) ou faux (F) dans l'espace qui vous est fourni.

a. Franco Dragone n'a aucun talent. ___

b. Le Cirque du Soleil est une compagnie de théâtre. ___

c. Le père de Dragone était lui-même acrobate. ___

d. La mère de Dragone travaillait dans les mines de charbon. ___

e. L'un des spectacles du Cirque du Soleil est *Alegría*. ___

**❺ Compréhension** *à faire corriger*

Après avoir relu la lecture principale, répondez aux questions suivantes.

a. Quel est le rôle de Franco Dragone dans le Cirque du Soleil?

_____

_____

b. Où est-il né?

_____

_____

c. Quels sont les peintres qui l'inspirent et d'où viennent-ils?

_____

_____

d. Que sont les monstres et les chimères?

_____

_____

e. Quel genre de théâtre Franco Dragone aime-t-il?

_____

_____

f. Où a-t-il étudié le théâtre?

_____

_____

g. Quand rejoint-il le Cirque du Soleil?

_____

_____

h. Le Cirque du Soleil est-il très populaire au milieu des années 80? Pourquoi?

_____

_____

i. Qu'y a-t-il dans les numéros de trapèze qu'il n'y a pas dans les autres numéros?

_____

_____

j. Est-ce que le spectacle *Alegría* parle des mêmes thèmes que *Mystère*? Quel spectacle est le plus pessimiste?

_____

_____

test

## Partie I  Familles de mots

*(10 x 0.5 = 5 points)*

Complétez le tableau suivant.

| verbes | adjectifs | noms |
|---|---|---|
| a._____ | b._____ | passion |
| applaudir | | c._____ |
| d._____ | | sifflet |
| chanter | | e._____ |
| ennuyer | f._____ | g._____ |
| | h._____ | spectacle |
| séduire | i._____ | j._____ |

## Partie II  Synonymes

*(10 x 0.5 = 5 points)*

Trouvez dans la colonne B les synonymes des termes de la colonne A. Mettez la lettre correspondant à votre choix dans l'espace qui vous est fourni.

| | A | | | B |
|---|---|---|---|---|
| 1. | spectacle | ___ | a. | compagnie |
| 2. | tente | ___ | b. | dur |
| 3. | renommée | ___ | c. | représentation |
| 4. | troupe | ___ | d. | chapiteau |
| 5. | violence | ___ | e. | gloire |
| 6. | joie | ___ | f. | vieux |
| 7. | difficile | ___ | g. | trac |
| 8. | mauvais | ___ | h. | brutalité |
| 9. | panique | ___ | i. | allégresse |
| 10. | ancien | ___ | j. | mal |

## Partie III  Compréhension

*(10 x 2 = 20 points)*

En vous basant sur la lecture principale de ce chapitre, choisissez l'élément qui complète le mieux le début de phrase qui vous est donné. Mettez la lettre correspondant à votre choix dans l'espace qui vous est fourni.

___  1. Dans le Cirque, Franco Dragone est...

    a.    jongleur.

    b.    dompteur de tigres.

    c.    metteur en scène.

    d.    acrobate.

___  2. Il vit maintenant...

    a.    au Québec.

    b.    en Belgique.

    c.    en Hollande.

    d.    en Italie.

___ 3. Il s'inspire surtout de...

    a.    de la peinture.

    b.    du cinéma.

    c.    de la chanson.

    d.    des mines.

___ 4. Il a étudié le théâtre...

    a.    à la Comédie française.

    b.    au Conservatoire royal d'art dramatique de Bruxelles.

    c.    à Montréal.

    d.    à Paris.

___ 5. Il a exploré le théâtre...

    a.    moderne.

    b.    surréaliste.

    c.    français.

    d.    classique.

___ 6. Il rejoint le Cirque du Soleil...

    a.    en Belgique.

    b.    au milieu des années 80.

    c.    quand il épouse une Française.

    d.    il y a un an.

___ 7. Dans les numéros de trapèze, il y a...

    a.    des lions.

    b.    des clowns.

    c.    de la voltige.

    d.    des danseuses.

___ 8. *Alegría* est un spectacle...

    a.    triste.

    b.    apocalyptique.

    c.    agréable.

    d.    joyeux.

___ 9. La science et les politiciens inspirent à Dragone...

    a.    de la confiance.

    b.    de la joie.

    c.    de l'indifférence.

    d.    du doute.

___ 10. Le Cirque du Soleil est...

    a.    français.

    b.    québécois.

    c.    belge.

    d.    italien.

( 20 )

## Partie IV  Travaux sur texte

### A  Le mot juste

*(10 x 1 = 10 points)*

Dans le texte suivant, des espaces ont été laissés vides. Trouvez dans la liste ci-dessous les mots qui peuvent compléter le texte. Faites tout changement grammatical nécessaire.

| | | | | |
|---|---|---|---|---|
| mot | grand | seau | geste | préféré |
| rire | figure | crème | pouvoir | ridicule |

*LES CLOWNS*

Le cirque sera toujours un spectacle pour les petits et les (1) _____, mais surtout pour les enfants. Les clowns sont les (2) _____ des enfants: leur maquillage aux couleurs vives, leurs vêtements trop grands, leurs (3) _____ maladroits, les font toujours (4) _____. Les enfants aiment voir les clowns se poursuivre, s'envoyer des (5) _____ d'eau à la (6) _____, ou des tartes à la (7) _____. Leur façon de parler est (8) _____, et ils font des blagues et des jeux de (9) _____ dans leurs sketches. On (10) _____ croire que ce qu'ils font est facile, car ils ont l'air si maladroits.

### B  Mots superflus

*(10 x 0.5 = 5 points)*

Dans le texte suivant, des mots qui ne sont pas nécessaires ont été rajoutés. Soulignez les dix mots superflus.

*LES CLOWNS* (suite)

Pourtant les clowns tigres sont parmi les meilleurs artistes du cirque. Ce sont rouge des acrobates agiles, capables des plus dangereuses voltiges. Ils sont souples, rapides et loin très forts dans tous les domaines demain du cirque. Ils peuvent pouvoir marcher sur un fil fou, sauter d'un cheval à un autre, et dompter les chats lions. Ils peuvent également jongler boire avec des quilles ou des balles, chanter et jouer de la musique. Ils sont en général de très bons courir musiciens, même s'ils semblent jouer avoir de fausses notes. Mais surtout ils sont très amusants.

### C  Compréhension de texte

*(5 x 1 = 5 points)*

Après avoir fait les exercices A et B, vous pouvez reconstituer le texte précédent avec ses deux parties. Répondez alors au questionnaire à choix multiples. Mettez la lettre correspondant à votre choix dans l'espace qui vous est fourni.

_____  1.  Le cirque est un spectacle surtout pour...

    a.  les parents.

    b.  les acrobates.

    c.  les enfants.

    d.  les clowns.

____ 2. Les clowns portent des vêtements...

    a.    de qualité.

    b.    trop grands.

    c.    trop vieux.

    d.    trops petits.

____ 3. Ils ont des gestes...

    a.    précis.

    b.    gracieux.

    c.    brusques.

    d.    maladroits.

____ 4. Les clowns sont des artistes...

    a.    très forts.

    b.    médiocres.

    c.    ratés.

    d.    sans talent.

____ 5. Dans le cirque, ils savent...

    a.    tout faire.

    b.    faire peu de choses.

    c.    nettoyer la piste.

    d.    annoncer les numéros.

*réponses, p. 115*

| Résultat du test |
| --- |
| $\dfrac{\phantom{00}}{50} \times 2 = \dfrac{\phantom{00}}{100}$ |

# sept
## INTERNET

PRISE DE CONSCIENCE

1. Que savez-vous au sujet d'Internet?
2. Avez-vous l'intention de vous abonner à un réseau qui vous donne accès à Internet? Pourquoi?
3. Qu'attendez-vous de ce système?

## Texte d'introduction

*LA RÉVOLUTION INTERNET*

Le <u>réseau</u> Internet est en train de révolutionner les systèmes de communication. De plus en plus de gens ont accès au réseau Internet et entrent en contact avec des milliers d'autres abonnés.

*network*

    Aux États-Unis cela ne coûte que de $10 à $15 par mois pour
5 <u>s'abonner</u> à un service qui permet de <u>se brancher</u> sur Internet. Bien sûr, il faut posséder l'ordinateur qui convient et une ligne téléphonique. À partir de là, les choses deviennent faciles.

*s'inscrire; to connect*

    On peut presque tout faire sans sortir de chez soi: faire les courses pour la semaine, commander une pizza, faire envoyer un
10 bouquet de fleurs, louer des cassettes vidéo...

    On a aussi accès à une masse importante d'informations partagées par le monde entier. On peut <u>se cultiver</u> sans avoir besoin de professeur. On peut consulter des livres et des jour-naux, et même visiter des musées.

*apprendre des choses*

15     Les choses progressent vite, et il n'y aura bientôt presque plus de service que l'on ne pourrait obtenir avec Internet.

    Mais ce genre de système entraîne inévitablement un change-ment dans les habitudes des consommateurs. La vie va devenir de plus en plus sédentaire. Les gens vont rester chez eux, coupés du
20 monde. Ils vont s'enfermer dans une <u>bulle</u> et vivre égoïstement.

*bubble*

    Même si Internet permet d'être en communication avec le monde entier, ce genre de contact est très artificiel. Il n'est peut-être pas toujours bon pour la santé de passer des heures devant un écran d'ordinateur. L'avenir avec Internet est intéressant, mais
25 il ne semble pas parfait.

Pour avoir accès à Internet, il faut:

**-un ordinateur:** portable ou non, qui a moins de dix ans

**-un modem:** c'est l'interface qui permet aux ordinateurs de parler entre eux à travers les lignes téléphoniques

**-une ligne téléphonique**

**-un abonnement:** mensuel ou annuel, pris dans une société ayant un serveur sur le domaine, c'est-à-dire un ordinateur enregistré sur le réseau Internet

**-un code d'utilisateur:** votre nom, le nom du serveur, le code du pays, un mot de passe et le logiciel qui pilotera votre ordinateur

# Stratégie de lecture

*LES SUFFIXES*

Les suffixes sont les éléments qui s'ajoutent à certains mots pour en modifier le sens. Tout comme les préfixes, ils permettent souvent d'identifier la signification d'un terme. Outre la terminaison d'un verbe qui dévoile la personne faisant l'action (*-ions* représente *nous*), le nombre (singulier ou pluriel), le temps (passé, futur, etc.) et le mode (indicatif, conditionnel, etc.), certains suffixes comme *-logie* (du mot grec signifiant *science*) permettent de former toute une catégorie de mots tels *biologie, astrologie.* Dans le texte d'introduction, le mot *inévitablement* est formé de l'adjectif *inévitable* et du suffixe *-ment* qui indique la manière; le terme veut donc dire *d'une façon inévitable.* Vous pouvez trouver le sens de la plupart des suffixes dans le dictionnaire *Robert Méthodique.*

**Exercice pratique**
Que signifient les suffixes suivants?
a. -ateur _____
b. -age _____
c. -aque_____
d. -erie_____
e. -ence_____

**❶ Vocabulaire en contexte** *réponses, p. 115*

Complétez le tableau suivant en utilisant les mots de la liste ci-dessous:

un modem        abonnés        se branche        pianote

**Maintenant, au lieu de rencontrer quelqu'un dans la rue ou dans un café, on...**

-se connecte sur un réseau

-rentre en liaison électronique

-communique par écran interposé

a. _____

**en utilisant...**

-un ordinateur

-un téléphone

-un écran

-un clavier

-un réseau informatique

b. _____

**et au lieu de parler, on...**

-tape

-rédige des messages

-participe à une table ronde électronique

c. _____

**et les messages sont lus par les autres...**

-branchés

-utilisateurs

-consommateurs

d. _____

*réponses, p. 115*

## ❷ Familles de mots

Complétez le tableau suivant. Consultez le dictionnaire si c'est nécessaire.

| | *verbes* | *adjectifs* | *noms* |
|---|---|---|---|
| a. | _____ | | révolution |
| b. | _____ | communiqué(e) | _____ |
| c. | _____ | abonné(e) | _____ |
| d. | _____ | | contact |
| e. | accéder | | _____ |
| f. | _____ | | commande |
| g. | progresser | _____ | _____ |
| h. | | _____ | sédentarisation |
| i. | _____ | _____ | consommateur |
| j. | permettre | _____ | _____ |

## ❸ Synonymes et antonymes

*réponses, p. 115*

I. Trouvez dans la colonne B les synonymes des termes de la colonne A. Mettez la lettre correspondant à votre choix dans l'espace qui vous est fourni.

| | *A* | | | *B* |
|---|---|---|---|---|
| 1. | facile | ___ | a. | routine |
| 2. | se connecter | ___ | b. | acheteur |
| 3. | liaison | ___ | c. | simple |
| 4. | consommateur | ___ | d. | se brancher |
| 5. | habitude | ___ | e. | lien |

II. Trouvez dans la colonne B les antonymes des termes de la colonne A. Mettez la lettre correspondant à votre choix dans l'espace qui vous est fourni.

| | *A* | | | *B* |
|---|---|---|---|---|
| 1. | artificiel | ___ | a. | actif |
| 2. | avenir | ___ | b. | rupture |
| 3. | changement | ___ | c. | naturel |
| 4. | sédentaire | ___ | d. | passé |
| 5. | contact | ___ | e. | stabilité |

EXERCICE

EXERCICE

**❹ Sens et contexte**    *à faire corriger*

En vous aidant du dictionnaire, expliquez en français le sens des expressions suivantes.

a.   entrer en contact _____

b.   avoir accès _____

c.   rester chez soi _____

d.   bon pour la santé _____

e.   passer des heures _____

**❺ D'une langue à l'autre**    *réponses, p. 115*

Retrouvez dans le texte d'introduction la traduction française des expressions suivantes.

a.   *to do the shopping* _____

b.   *to order a pizza* _____

c.   *to rent a video tape* _____

d.   *to have flowers sent* _____

e.   *to refer to books* _____

# Lecture principale

*LA FOLIE INTERNET*

Avec Internet, les distances et le temps n'existent plus. Entre New York et Los Angeles, Tokyo, Sydney ou Paris, le voyage ne dure que quelques secondes. Sans bouger de votre bureau, vous pouvez commander des fleurs en visualisant le bouquet, retrou-
5   ver un article de n'importe quel magazine et beaucoup d'autres choses encore. Internet donne accès à des sources <u>intarissables</u>    *endless*
de <u>données</u>. Vous pouvez consulter les œuvres complètes de    *data*
Victor Hugo ou de Shakespeare, l'<u>annuaire</u> des anciens de l'uni-    *yearbook*
versité de Sydney, ou le catalogue du Louvre. Il y a tout, ou
10   presque: du texte, de l'image et du son. Ces promenades par clavier et écran interposés donnent une idée de notre univers futur: le <u>règne</u> du virtuel, de la profusion et de l'immédiat.    la suprématie

Les militaires américains sont les vrais inventeurs de cette folie. C'était en 1969. Leur but: concevoir un système de com-
15   munication fonctionnant dans n'importe quelles circonstances, même une guerre atomique. L'idée: utiliser l'ensemble des réseaux d'ordinateurs fonctionnant dans le monde, et leur per-mettre de s'interconnecter par les lignes du téléphone, les satel-lites ou les câbles spécialisés, pour obtenir un «méta-réseau»:
20   Internet.

Les militaires n'utilisant que peu leur invention, les scien-tifiques et les universitaires américains ont obtenu, dans les années 70, l'autorisation de converser sur le «Net». Beaucoup de leurs confrères dans le monde entier les ont rejoints, pour
25   échanger du courrier électronique (E Mail) ou partager, en

quelques secondes, les résultats de leurs recherches. Depuis, le système est devenu accessible à tout le monde.

Dans ce domaine, la France est un peu en retard. Le monde virtuel est essentiellement anglophone. Sur un million de con-
30 nexions mensuelles sur WebLouvre (le catalogue du Louvre qui permet de visionner toutes les <u>œuvres</u> du musée), seulement *works* 10% viennent des francophones. Les baby-boomers français ont pris conscience de l'émergence et de l'importance de cette nou-velle culture, de ce monde virtuel qui se prépare. Mais ce n'est
35 pas encore eux qui ont le pouvoir en France.

Il y a quand même des problèmes avec Internet, qui ne donne pas toujours des renseignements <u>fiables</u>. Les archives de Harvard *reliable* sont sans doute crédibles, mais peut-on en dire autant des infor-mations d'un certain John Doe, trouvées dans un forum (groupe
40 de personnes discutant, par ordinateur interposé, de passions communes)? Sur le Net, l'avis de «M. Personne» prend autant d'importance que celui d'un prix Nobel. L'information que vous recevez est peut-être exacte, peut-être pas. Aucune garantie. Il faut donc être prudent et vérifier les informations. On peut dire
45 la même chose de la qualité des textes.

L'essentiel des échanges sur le Net se fait par écrit. Il est éton-nant de voir qu'à l'ère de l'audiovisuel, les réseaux donnent sa <u>revanche</u> à l'écriture. Le médium est l'alphabet. Bien sûr, le style *la vengeance* n'est pas parfait. La correspondance est le plus souvent en style
50 parlé et <u>bâclé</u>. Mais de temps en temps, un miracle: de vrais *désordonné* poètes ou d'authentiques romanciers testent «online» leur dernière œuvre. Ils ont soudain une multitude de lecteurs. Parfois les discussions entre les «branchés» sont d'un très haut niveau. Le Net, c'est la parole à tous les claviers, la dictature du «com-
55 putariat».

De nos jours, près d'un million de personnes s'abonnent tous les mois. Une progression mensuelle de 15%! Une telle explosion de la demande pose des problèmes techniques, car les lignes sont parfois saturées. Il faut aussi réglementer les échanges. La «neti-
60 quette» définit les bonnes manières sur le réseau. On essaye d'éviter le mauvais goût.

Le vrai business des entreprises ne s'attaquera pas à Internet <u>tant que</u> deux problèmes ne seront pas réglés. D'abord, la pro- *as long as* tection des droits d'auteur. Ensuite et surtout, la sécurité des
65 échanges, indispensable aux transferts de <u>fonds</u>. Comment garan- *l'argent* tir les réseaux pour que personne ne puisse voler le numéro de votre carte de crédit? Solution: le cryptage des messages, le codage. Un premier système, baptisé PGP (Pretty Good Privacy) existe déjà.
70 Malgré tout, l'avenir du réseau est vert, couleur du dollar. Après des années de <u>partage</u> gratuit de l'information, d'échanges *sharing*

cybernétiques libres pour la gloire de l'éducation et de la science, des centres commerciaux électroniques apparaissent. Le consommateur peut maintenant faire ses courses «online», commander un billet d'avion, un livre et beaucoup d'autres choses encore.

75

*(Adapté de «Communication: la folie Internet», de Christophe Agnus, dans* L'Express, *6 octobre 1994)*

## EXERCICES SUR LA LECTURE

❶ **Synonymes**                                                          *réponses, p. 115*

I. Trouvez dans la colonne B les synonymes des termes de la colonne A. Mettez la lettre correspondant à votre choix dans l'espace qui vous est donné.

*A*                                          *B*

1. simple          ____          a. liaison
2. rapide          ____          b. futur
3. lien            ____          c. facile
4. avenir          ____          d. habitude
5. routine         ____          e. vite

II. Complétez chaque phrase en cherchant dans la lecture principale le synonyme de chaque terme entre parenthèses. Le chiffre vous renvoie à la ligne du texte appropriée.

a. Internet est devenu accessible aux _____ (clients). (73)
b. Les militaires ne _____ (se servaient) pas de leur invention. (21)
c. Vous pouvez faire vos courses sans vous _____ (déplacer) de chez vous. (3)
d. Il y a de plus en plus de _____ («connectés») sur Internet. (53)
e. Le _____ (projet) des militaires était de créer un système qui marche même après une guerre atomique. (14)

❷ **Le mot juste**                                                       *réponses, p. 115*

Complétez les phrases suivantes avec des mots ou des expressions que vous devez trouver dans la lecture principale. Le chiffre vous renvoie à la ligne du texte appropriée.

a. Prendre contact avec quelqu'un par Internet ne _____ pas longtemps. (3)
b. Avec Internet on peut faire ses courses sans _____ de chez soi. (3)
c. Il est utile de consulter le _____ d'un musée avant de le visiter. (9)
d. Il faut toujours _____ que tout marche bien avant d'acheter un ordinateur. (44)
e. On ne peut pas faire entièrement confiance aux machines, car elles ne sont pas toujours _____ (37).

❸ **Explications**                                                       *à faire corriger*

En vous aidant de la lecture principale et éventuellement d'un dictionnaire, répondez aux questions suivantes.

a. Que veut dire «converser»? _____

_____

b. Quelque chose qui est «accessible» est-il facile à atteindre?_____
_____

c. Que fait-on quand on «prend conscience» de quelque chose?_____
_____

d. Quand on «prend de l'importance», qu'est-ce que cela implique? _____
_____

e. Un magazine «mensuel» paraît-il toutes les semaines? _____
_____

réponses, p. 115

## ❹ D'une langue à l'autre

Retrouvez dans la lecture principale la traduction française des expressions suivantes.

a. *bad taste*_____

b. *good manners* _____

c. *credit card*_____

d. *royalties*_____

## ❺ Vrai ou faux?

réponses, p. 115

Indiquez si l'énoncé est vrai (V) ou faux (F) dans l'espace qui vous est fourni.

a. Le système Internet permet de gagner du temps. ____

b. Les militaires japonais sont les vrais inventeurs d'Internet. ____

c. On peut tout faire avec Internet, à part faire les courses
   ou visiter le Louvre. ____

d. Le langage utilisé sur Internet est très littéraire. ____

e. L'avenir d'Internet est incertain. ____

## ❻ Compréhension

*à faire corriger*

Après avoir relu la lecture principale, répondez aux questions suivantes.

a. Le système de communication Internet fait-il gagner du temps? Pourquoi?
_____
_____

b. Que pouvez-vous faire avec Internet?
_____
_____

c. Qui est à l'origine d'Internet?
_____
_____

d. Qu'est-ce que le «E Mail»?
_____
_____

e. La France utilise-t-elle Internet autant que les États-Unis? Pourquoi?
_____
_____

f. Qu'est-ce qu'un forum?
_____
_____

g. Comment communique-t-on avec le système Internet?
_____
_____

EXERCICE

EXERCICE

h. Quelle est la progression mensuelle des abonnements?

_____

_____

i. Expliquez les termes «codage» et «cryptage».

_____

_____

j. Quels sont les deux inconvénients d'Internet?

_____

_____

## test

### Partie I    Synonymes                          *(10 x 0.5 = 5 points)*

Trouvez dans la colonne B les synonymes des termes de la colonne A. Mettez la lettre correspondant à votre choix dans l'espace qui vous est fourni.

| A | | B | |
|---|---|---|---|
| 1. facile | ___ | a. habitude |
| 2. avenir | ___ | b. sûr |
| 3. se servir | ___ | c. vite |
| 4. projet | ___ | d. simple |
| 5. consommateur | ___ | e. futur |
| 6. rapide | ___ | f. parler |
| 7. routine | ___ | g. liaison |
| 8. lien | ___ | h. utiliser |
| 9. converser | ___ | i. but |
| 10. fiable | ___ | j. acheteur |

*(5)*

### Partie II    Familles de mots                   *(10 x 0.5 = 5 points)*

Complétez le tableau suivant.

| verbes | adjectifs | noms |
|---|---|---|
| a._____ | b._____ | abonnement |
| commander | | c._____ |
| d._____ | progressif(-ive) | e._____ |
| simplifier | f._____ | g._____ |
| communiquer | h._____ | i._____ |
| j._____ | | parole |

*(5)*

### Partie III   Compréhension                      *(10 x 2 = 20 points)*

En vous basant sur la lecture principale de ce chapitre, choisissez l'élément qui complète le mieux le début de phrase qui vous est donné. Mettez la lettre correspondant à votre choix dans l'espace qui vous est fourni.

___  1.  La communication par Internet...

a.  prend peu de temps.

b.  prend beaucoup de temps.

c.  utilise beaucoup d'énergie.

d.  n'utilise pas le téléphone.

____ 2. Internet donne accès à...

    a.    des militaires.

    b.    des téléphones.

    c.    des fleurs.

    d.    des sources de données.

____ 3. Les vrais inventeurs d'Internet sont...

    a.    les baby-boomers français.

    b.    les abonnés.

    c.    les militaires américains.

    d.    les scientifiques américains.

____ 4. Le E Mail est...

    a.    une messagerie érotique.

    b.    un système de courrier électronique.

    c.    un autre nom pour le facteur.

    d.    une enveloppe spéciale.

____ 5. Dans le domaine d'Internet, la France est...

    a.    en avance sur tout le monde.

    b.    en avance par rapport à l'Angleterre.

    c.    incapable d'utiliser Internet.

    d.    en retard.

____ 6. Avec Internet, les renseignements sont...

    a.    toujours fiables.

    b.    jamais fiables.

    c.    pas toujours fiables.

    d.    toujours scientifiques.

____ 7. Internet est accessible...

    a.    à tout le monde.

    b.    aux scientifiques.

    c.    aux militaires américains.

    d.    aux abonnés du Louvre.

____ 8. Le langage utilisé sur Internet est...

    a.    l'anglais uniquement.

    b.    le français uniquement.

    c.    parlé.

    d.    littéraire.

____ 9. Aujourd'hui le nombre de nouveaux abonnés par mois est de...

    a.    15.

    b.    15%.

    c.    1 million.

    d.    1 millier.

____ 10. Le système d'échange Internet...

    a.    n'a aucun inconvénient.

    b.    a un inconvénient.

    c.    a trop d'inconvénients.

    d.    a deux inconvénients.

20

## Partie IV   Travaux sur texte

### A   Le mot juste
*(10 x 1 = 10 points)*

Dans le texte suivant, des espaces ont été laissés vides. Trouvez dans la liste ci-dessous les mots qui peuvent compléter le texte. Faites tout changement grammatical nécessaire.

| | | | | |
|---|---|---|---|---|
| sujet | société | ans | publicité | débat |
| encombrer | écrire | éviter | code | question |

*RESPECTEZ LA «NETIQUETTE»*

En vingt-cinq (1) _____ d'existence, le réseau électronique a eu largement le temps de se construire une morale et des (2) _____ de politesse. Pour Internet, on a créé une éthique et une étiquette — «la netiquette» — qui ressemble aux règles des bonnes manières de la (3)_____ en général.

- N'(4) _____ pas en lettres majuscules (C'EST COMME SI VOUS CRIIEZ).
- Ne faites pas de (5) _____ pour vous ou pour des produits à vendre, c'est très mal vu.
- Lisez les FAQ (*Frequently Asked Questions*), cela vous (6) _____ de poser des (7) _____ stupides.
- Quand vous tombez sur un forum, observez d'abord l'ambiance du lieu; lisez, avant d'intervenir dans le (8) _____.
- Essayez de respecter le (9) _____ du forum, même s'il s'agit de quelque chose qui ne vous intéresse pas.
- Soyez brefs, pour ne pas (10) _____ le réseau. Évitez les «*I agree*» et «*Me too*».

*(Adapté de  «Communication: la folie Internet», de Christophe Agnus, dans* L'Express, *6 octobre 1994)*

### B   Mots superflus
*(10 x 0.5 = 5 points)*

Dans le texte suivant, des mots qui ne sont pas nécessaires ont été rajoutés. Soulignez les dix mots superflus.

*RESPECTEZ LA «NETIQUETTE»* (suite)

- Quand vous répondez à un message bouteille, citez les passages étroits concernés ou résumez le message. Cela permettra aux nouveaux vieux arrivants qui se connectent de comprendre mal de quoi il est question réponse.
- Attention: si vous ne jouez pas le jeu, vous risquez prison d'être «flamé» rhum: votre boîte aux lettres électronique sera inondée trempée de messages stupides, moqueurs, sérieux et même insultants. Ces messages viennent du monde entier voisin.
- Faites des phrases points courtes. Utilisez le langage parlé.

## C   Compréhension de texte

Après avoir fait les exercices A et B, vous pouvez reconstituer le texte précédent avec ses deux parties. Répondez alors au questionnaire à choix multiples. Mettez la lettre correspondant à votre choix dans l'espace qui vous est fourni.

____   1.   La netiquette est...

    a.   une façon d'écrire.

    b.   un code de conduite pour Internet.

    c.   une étiquette qui indique le prix d'un ordinateur.

    d.   un mode d'emploi pour se connecter.

____   2.   Il faut éviter d'écrire...

    a.   en italique.

    b.   en minuscule.

    c.   en majuscule.

    d.   en anglais.

____   3.   Un forum est...

    a.   un débat.

    b.   une foire.

    c.   un ordinateur.

    d.   un modem.

____   4.   On doit essayer de résumer les messages pour...

    a.   être bref.

    b.   être poli.

    c.   éviter les FAQ.

    d.   mettre les nouveaux arrivants au courant du débat.

____   5.   Être «flamé» signifie...

    a.   être accepté par les autres.

    b.   être puni par les autres.

    c.   être en contact avec de nouveaux abonnés.

    d.   être aidé par les autres.

$$\frac{\quad}{5}$$

*réponses, p. 115*

Résultat du test

$$\frac{\quad}{50} \times 2 = \frac{\quad}{100}$$

# huit LE DICTIONNAIRE ET LA LANGUE FRANÇAISE

1. Vous servez-vous souvent du dictionnaire? À quelle occasion?
2. Que pensez-vous de l'invasion de l'anglais dans la langue française?
3. Comment comprenez-vous l'attitude protectionniste des Québécois face à cette invasion?

## Texte d'introduction

*L'UTILITÉ DU DICTIONNAIRE*

Pour s'exprimer sans difficulté, ou pour apprendre une autre langue, on a souvent besoin d'un dictionnaire, unilingue ou bilingue. On peut vérifier l'<u>orthographe</u> d'un mot, savoir si c'est *spelling*
un nom, un verbe, un adjectif, ou s'il a des synonymes ou des sens
5 différents, selon le contexte.

    Le dictionnaire sert aussi à expliquer l'origine des mots. Le français est une <u>langue romane</u> qui a pour <u>racine</u> le latin. Mais on *Romance language;* trouve également beaucoup de termes provenant d'autres *la source* langues dans le vocabulaire français. Il y a parfois des mots anglais
10 en français, et des mots français en anglais. Cela facilite un peu l'apprentissage de ces deux langues.

    Il faut toujours faire attention à la <u>syntaxe</u> et à la grammaire *l'ordre des mots* pour éviter de faire des erreurs comme les <u>contre-sens</u> ou les *les mauvaises inter-* <u>lapsus</u>. C'est pourquoi l'utilisation du dictionnaire sert à se cor- *prétations; slips*
15 riger quand on parle et quand on écrit.

    **-étymologie:** racine, origine des mots

    **-synonyme:** même sens, équivalent

    **-antonyme:** opposé, contraire

    **-homonymes: homographe:** même orthographe, sens différent

                **homophone:** même son, sens différent

    **-consulter un dictionnaire:** chercher un mot dans le dictionnaire

    **-erreur:** faute

    **-emploi:** usage (par exemple, du dictionnaire)

# Stratégie de lecture

## EXERCICES SUR LE VOCABULAIRE

EXERCICE

## ❶ Vocabulaire en contexte

*réponses, p. 116*

Complétez le tableau suivant en utilisant les mots de la liste ci-dessous:

bilingue        orthographe        chercher une expression        communiquer

**Quand on désire...**

-parler

-s'exprimer

-écrire

a. _____

**dans sa propre langue ou dans une autre, on consulte un dictionnaire...**

-unilingue

-des synonymes

-des homonymes

-des difficultés de la langue française

- d'étymologie

b. _____

**pour éviter de faire des erreurs de...**

-langue

-prononciation

-syntaxe

-grammaire

-contre-sens

c._____

**et afin de...**

-s'assurer du bon emploi d'un mot

-trouver des synonymes

-vérifier le sens d'un terme

d. _____

## ❷ Familles de mots

réponses, p. 116

Complétez le tableau suivant. Consultez le dictionnaire si c'est nécessaire.

|     | verbes | adjectifs | noms |
|-----|--------|-----------|------|
| a. | parler | _____ | _____ |
| b. | écrire |  | _____ |
| c. | _____ |  | orthographe |
| d. | _____ | _____ | prononciation |
| e. |  | _____ | vérité |
| f. | _____ | facile | _____ |
| g. | _____ | pénalisé(e) | _____ |
| h. | _____ |  | apprentissage |
| i. |  | _____ | grammaire |
| j. |  | _____ | difficulté |

## ❸ Mots retrouvés

réponses, p. 116

D'après les définitions ci-dessous, retrouvez dans le texte d'introduction les termes correspondants.

a. point de départ _____

b. rendre meilleur en supprimant les fautes _____

c. faire en sorte de ne pas rencontrer, de ne pas faire _____

d. ensemble du texte qui entoure un élément de la langue _____

e. qui est en deux langues _____

## ❹ Sens et contexte

*à faire corriger*

En vous aidant du dictionnaire, expliquez en français le sens des mots suivants.

a. s'exprimer _____

b. vérifier _____

c. faciliter _____

d. utilisation _____

e. racine _____

f. apprentissage _____

## ❺ Phrases à pièges

*à faire corriger*

Corrigez les phrases suivantes pour qu'elles retrouvent un sens logique.

a. Pour parler, on a besoin d'un crayon et d'une feuille de papier.

_____

b. Dans le dictionnaire unilingue, on trouve toujours deux langues.

_____

c. Un contre-sens est une faute de prononciation.

_____

d. La grammaire est utile pour apprendre les mathématiques.

_____

e. Le synonyme d'un mot est toujours son contraire.

_____

f. *Vert* et *vers* sont des homographes.

_____

g. *Président* (nom) et *président* (verbe présider) sont des homophones.

# Lecture principale

*LE FRANGLAIS ET LE DICTIONNAIRE*

Prenez la définition du mot *édredon*, par exemple. Il vient de l'anglais *«eiderdown»*: «duvet de l'eider». Si on l'utilise au Québec, serons-nous pénalisés pour avoir employé un mot d'origine anglaise en français? En France, le problème du «franglais» n'a pas

5 la même importance qu'au Canada, et pourtant le gouvernement tente de le contrôler. Depuis 1539, où on imposa le français dans les <u>arrêts</u> de justice, l'État <u>édicte</u> des décrets et règlements en séparant les mots d'origine strictement française des <u>néolo-gismes</u>. Malgré cela, 10 000 mots nouveaux tentent chaque année

10 d'envahir la langue de Molière, la plupart étant des mots d'origine anglaise.

    Le «franglais» est du français mélangé à du vocabulaire anglais. Paradoxalement, c'est en France que l'on trouve le plus de termes anglais ou américains dans le langage quotidien, ou dans

15 les techniques nouvelles en provenance des États-Unis. En effet, les Québécois sont beaucoup plus protectionnistes à l'égard de leur langue que ne le sont les Français de France. Il est vrai que les Québécois sont au milieu d'un pays anglophone, et ils doivent sans cesse <u>lutter</u> contre l'assimilation culturelle par le Canada

20 anglais ou les États-Unis.

    En conséquence, le français parlé au Québec est souvent plus «pur» que celui parlé en France. En France, on se réunit dans un meeting, au Québec on a encore des réunions. Tous les Français partent en week-end, mangent du chewing-gum, des chips, jouent

25 au basketball, <u>alors que</u> les Québécois parlent de fin de semaine, de machouilleur, de croustilles et de ballon-panier. Les Français semblent accepter assez facilement l'invasion progressive de l'anglais dans leur vocabulaire. On peut même parler de mode en ce qui concerne les jeunes, qui trouvent «cool» de s'exprimer en

30 franglais.

    On ne peut pas en dire <u>autant</u> des Anglais et des Américains, qui critiquent l'échange traditionnel de termes entre nos pays, et qui sont contre la présence de mots français dans le vocabulaire anglais. La réciprocité ne joue pas en faveur du français, et le

35 franglais n'a pas d'équivalent anglophone. Seuls certains domaines comme la <u>restauration</u> et la mode conservent un vocabulaire francophone, ce qui est plutôt limité aux clichés que les Anglais et les Américains ont du français. Par ailleurs, ces mêmes anglo-phones continuent d'inonder les pays non-anglophones de ter-

40 mes qui pourraient être traduits, mais qui demeurent souvent en anglais et deviennent courants dans les autres langues.

les décisions; *enacts*

les nouveaux mots

combattre

*whereas*

*as much*

le domaine des restaurants

Voilà pourquoi on doit changer souvent le contenu du *Dictionnaire de la langue française* en France. Ceux qui en sont chargés sont les membres de l'Académie française qui se réunis-
45  sent chaque année pour réviser et corriger ce dictionnaire. Présenté à Louis XIV, le 24 août 1694, le *Dictionnaire* vient de <u>fêter</u> son tricentenaire. Il en est à sa neuvième édition, qui sem-    *célébrer* ble toujours aussi attrayante. Les Académiciens font la guerre au franglais qui a envahi la langue, essayant de rendre celle-ci «pure,
50  éloquente et capable de traiter les arts et les sciences». En général, on ne fait place aux mots étrangers que s'ils sont vrai- ment installés dans l'usage et qu'il n'existe pas déjà un mot véri- tablement français pour désigner le terme.

Des siècles d'activité ont été nécessaires pour aider la France
55  à définir sa langue nationale. Non sans difficulté. Au début c'était le latin, qui est à l'origine du français, que l'on trouvait dans les textes écrits. Le français ne se trouvait dans les dictionnaires que sous forme de traduction. La «Deffence et illustration de la langue française» de Du Bellay <u>revendique</u> en 1549 la dignité du    *claimed*
60  français par rapport aux autres langues.

Aujourd'hui le *Dictionnaire* est de plus en plus utilisé, mais si on y trouve encore une majorité de mots français, on ne peut ignorer le nombre <u>croissant</u> de termes étrangers, en grande    *de plus en plus* majorité anglais.    *grand*

*(Adapté de «Les greffiers du bon usage», de Anne Pons, dans* L'Express, *16 juin 1994)*

## EXERCICES SUR LA LECTURE

❶ **Synonymes**         *réponses, p. 116*

Trouvez dans la colonne B les synonymes des termes de la colonne A. Mettez la lettre correspondant à votre choix dans l'espace qui vous est fourni.

| A | | B |
|---|---|---|
| 1. parler | ___ | a. opposé |
| 2. unilingue | ___ | b. faute |
| 3. antonyme | ___ | c. s'exprimer |
| 4. erreur | ___ | d. monolingue |
| 5. pénalisé | ___ | e. complication |
| 6. critiquer | ___ | f. début |
| 7. problème | ___ | g. combattre |
| 8. dignité | ___ | h. attaquer |
| 9. lutter | ___ | i. puni |
| 10. origine | ___ | j. fierté |

❷ **Le mot juste**         *réponses, p. 116*

Complétez les phrases suivantes avec des mots ou des expressions que vous devez trou- ver dans la lecture principale. Le chiffre vous renvoie à la ligne du texte appropriée.

a. _____ le dictionnaire est l'une des premières choses que l'on doit apprendre pour s'exprimer correctement. (2)

b. Le principe de la traduction est de trouver les termes _____ d'une langue à une autre. (35)

c. Même dans sa propre langue, on a toujours besoin du dictionnaire pour _____ ses fautes. (45)

d. Un bon poète a besoin du dictionnaire pour enrichir son _____. (28)

e. Cela peut paraître ennuyeux, mais c'est souvent très excitant de chercher un sens particulier parmi toutes les _____ d'un seul mot. (1)

EXERCICE

## ❸ Corrections
*à faire corriger*

Les éléments suivants sont tirés du texte. Êtes-vous d'accord avec la définition donnée? Si oui, indiquez «d'accord». Si non, relisez le texte et donnez votre propre définition en vous basant sur votre compréhension.

a. «En conséquence» veut dire «malgré».

_____

b. «La fin de semaine» veut dire «du lundi au vendredi».

_____

c. «La réciprocité ne joue pas en faveur du français» veut dire «Les anglais préfèrent utiliser le français».

_____

_____

d. «On ne peut pas en dire autant» veut dire «on peut dire la même chose au sujet de».

_____

e. «Sont chargés d'étudier» veut dire «n'ont pas la responsabilité d'étudier».

_____

f. «Qui n'a pas cours» veut dire «qui n'est pas utilisé».

_____

EXERCICE

## ❹ Vrai ou faux?
*réponses, p. 116*

Indiquez si l'énoncé est vrai (V) ou faux (F) dans l'espace qui vous est fourni.

a. Le mot *édredon* vient du latin. ____

b. Les Français parlent de plus en plus l'anglais. ____

c. Les Américains et les Anglais sont contre l'invasion de leur langue par des mots étrangers. ____

d. Louis XIV a rédigé le *Dictionnaire de la langue française*. ____

e. Le latin est à l'origine du français. ____

EXERCICE

## ❺ Compréhension
*à faire corriger*

Après avoir relu la lecture principale, répondez aux questions suivantes.

a. Qu'est-ce qu'un néologisme?

_____

_____

b. Les Français acceptent-ils d'utiliser tous les mots d'origine étrangère qui envahissent leur langue? Pourquoi?

_____

_____

c.   Qu'est-ce que le «franglais»?

_____

_____

d.   Quelle est l'attitude des Québécois par rapport au franglais? Expliquez.

_____

_____

e.   Comment joue-t-on au ballon-panier?

_____

_____

f.   Quelle est l'attitude des anglophones par rapport aux emprunts entre le français et l'anglais?

_____

_____

g.   Quel âge a l'Académie française?

_____

_____

h.   Pourquoi doit-on souvent changer le contenu du *Dictionnaire de la langue française*?

_____

_____

i.   Combien de temps a-t-il fallu à l'Académie française pour définir la langue française?

_____

_____

j.   D'où le français tient-il son origine?

_____

_____

## Partie I — Familles de mots

*(10 x 0.5 = 5 points)*

Complétez le tableau suivant.

| verbes | adjectifs | noms |
|---|---|---|
| a._____ | | édition |
| exprimer | b._____ | c._____ |
| d._____ | écrit(e) | e._____ |
| | grammatical(e) | f._____ |
| g._____ | | apprentissage |
| h._____ | | prononciation |
| essayer | | i._____ |
| j._____ | | parole |

**5**

## Partie II — Synonymes

*(10 x 0.5 = 5 points)*

Trouvez dans la colonne B les synonymes des termes de la colonne A. Mettez la lettre correspondant à votre choix dans l'espace qui vous est fourni.

| | A | | | B |
|---|---|---|---|---|
| 1. | unilingue | ____ | a. | puni |
| 2. | attrayant | ____ | b. | fierté |
| 3. | erreur | ____ | c. | monolingue |
| 4. | pénalisé | ____ | d. | attirant |
| 5. | dignité | ____ | e. | faute |
| 6. | regretter | ____ | f. | s'exprimer |
| 7. | antonyme | ____ | g. | déplorer |
| 8. | parler | ____ | h. | opposé |
| 9. | réviser | ____ | i. | origine |
| 10. | racine | ____ | j. | revoir |

**5**

## Partie III — Compréhension

*(10 x 2 = 20 points)*

En vous basant sur la lecture principale de ce chapitre, choisissez l'élément qui complète le mieux le début de phrase qui vous est donné. Mettez la lettre correspondant à votre choix dans l'espace qui vous est fourni.

____ 1.  Par rapport au français, les Québécois sont...

    a.  indifférents.

    b.  protectionnistes.

    c.  flexibles.

    d.  multiculturels.

____ 2.  Le «franglais» est...

    a.  de l'anglais avec des mots français.

    b.  de l'américain avec des mots français.

    c.  du français avec des mots québécois.

    d.  du français avec des mots anglais.

___ 3. Les Américains et les Anglais...

    a.    sont pour les mots français dans la langue anglaise.

    b.    sont contre les emprunts entre les deux langues.

    c.    disent que l'anglais est à l'origine du français.

    d.    refusent d'apprendre le français.

___ 4. Une croustille est...

    a.    une chip.

    b.    de l'huile solaire.

    c.    une frite.

    d.    un bijou.

___ 5. L'Académie française est chargée de...

    a.    publier des guides touristiques.

    b.    corriger les romans des Français.

    c.    combattre la langue anglaise.

    d.    réviser le *Dictionnaire* régulièrement.

___ 6. Les Québécois ont intérêt à protéger leur culture et leur langue car...

    a.    ils risquent d'être assimilés par les Français.

    b.    ils sont entourés par des anglophones.

    c.    ils sont entourés par des francophones.

    d.    ils sont entourés par des hispanophones.

___ 7. Pour définir la langue française, on a mis...

    a.    cent ans.

    b.    trois ans.

    c.    des siècles.

    d.    un an.

___ 8. Le français parlé au Québec est...

    a.    moins correct qu'en France.

    b.    plus pur qu'en Angleterre.

    c.    plus proche du franglais.

    d.    parfois plus pur qu'en France.

___ 9. Les Académiciens tentent de...

    a.    favoriser le franglais.

    b.    lutter contre le franglais.

    c.    améliorer le franglais.

    d.    corriger l'anglais.

___ 10. Le français a pour racine...

    a.    l'anglais.

    b.    le grec.

    c.    l'espagnol.

    d.    le latin.

20

## Partie IV    Travaux sur texte
### A    Le mot juste
*(10 x 1 = 10 points)*

Dans le texte suivant, des espaces ont été laissés vides. Trouvez dans la liste ci-dessous les mots qui peuvent compléter le texte. Faites tout changement grammatical nécessaire.

| | | | | |
|---|---|---|---|---|
| texte | volume | notation | paraître | ordinateur |
| orthographe | contenir | concevoir | lecteur | éditeur |

*LE ROBERT ÉLECTRONIQUE*

Le *Dictionnaire* de l'Académie (1) _____ en 1694, et (2) _____ 18 000 mots. Avec le *Grand Robert*, nous en sommes à 100 000, qui sont répartis sur les 18 000 colonnes de (3) _____ emplissant 9 gros (4) _____ de l'ouvrage. Sur cette base difficile à utiliser, l'(5) _____ a eu beaucoup de travail pour publier un nouvel exemplaire. Il a (6) _____ un disque compact CD-ROM permettant au (7) _____ de comprendre et de trouver très vite toutes les informations qu'il recherche. Grâce à un (8) _____ très simple, il suffit maintenant de taper sur les touches d'un clavier pour avoir l'(9) _____ d'un mot. Le principe est basé sur la (10) _____ phonétique des mots. Par exemple, si vous tapez *«haie dreux don»* sur votre ordinateur, il retrouvera *«édredon»*.

*(Adapté de «Les greffiers du bon usage», de Anne Pons, dans* L'Express, *16 juin 1994)*

### B    Mots superflus
*(10 x 0.5 = 5 points)*

Dans le texte suivant, des mots qui ne sont pas nécessaires ont été rajoutés. Soulignez les dix expressions ou mots superflus.

*LE ROBERT ÉLECTRONIQUE* (suite)

Utiliser un lave-vaisselle ordinateur comme dictionnaire n'est pas difficile. Le *Robert électronique* à vapeur est capable d'aider l'utilisateur en simplifiant les détails en gros utiles. Il complète la citation dont vous n'avez que la première fin partie ou juste le nom de l'auteur. Il vous permet deux de copier oublier ces renseignements et de les insérer dans votre bravo document de travail forcé. Maintenant l'Éducation nationale, les ministres, les députés, les chiens, utilisent tous le *Robert électronique* bleu.

### C    Compréhension de texte
*(5 x 1 = 5 points)*

Après avoir fait les exercices A et B, vous pouvez reconstituer le texte précédent avec ses deux parties. Répondez alors au questionnaire à choix multiples. Mettez la lettre correspondant à votre choix dans l'espace qui vous est fourni.

_____    1.    Le dictionnaire paru en 1694 contenait...

       a.    100 000 mots.

       b.    18 000 mots.

       c.    9 mots.

       d.    ne contenait pas de mots.

___ 2. Aujourd'hui le dictionnaire *Grand Robert* a...

    a.     un volume.

    b.     18 000 volumes.

    c.     1 000 volumes.

    d.     9 volumes.

___ 3. L'éditeur du nouveau dictionnaire sur ordinateur a conçu...

    a.     un livre avec plus d'images.

    b.     une cassette vidéo.

    c.     un disque compact.

    d.     une cassette audio.

___ 4. Le principe du dictionnaire sur CD-ROM se base sur la notation...

    a.     phonétique.

    b.     alphabétique.

    c.     numérique.

    d.     étymologique.

___ 5. L'Éducation nationale...

    a.     refuse d'utiliser un ordinateur.

    b.     utilise de plus en plus de livres.

    c.     utilise de plus en plus d'ordinateurs.

    d.     a décidé de faire des économies.

$\dfrac{\quad}{5}$

*réponses, p. 116*

Résultat du test

$$\frac{\quad}{50} \times 2 = \frac{\quad}{100}$$

# neuf
# LE PROZAC

## PRISE DE CONSCIENCE

1. On peut contrôler sa nervosité par des moyens comme la relaxation. Pourriez-vous donner quelques exemples de méthodes autres que les médicaments pour contrôler ses émotions ou son état d'esprit?
2. Que pensez-vous de ces méthodes?
3. Pensez-vous que le Prozac soit dangereux?

## Texte d'introduction

> **LES MÉDICAMENTS AUJOURD'HUI**
> Les médicaments sont aujourd'hui la solution à beaucoup de problèmes de santé, allant du simple <u>rhume</u> à la maladie la plus complexe. *cold*
>
> Ces drogues soulagent le corps, guérissent les infections ou font tomber la fièvre. La consommation de remèdes est de plus en plus forte. Prendre une pillule pour se sentir mieux est un geste <u>quotidien</u>. Les remèdes de toute sorte se trouvent sur nos <u>étagères</u> autant que le sel et les épices. *tous les jours* / *shelves*
>
> Une des grandes caractéristiques de ce siècle est que nous <u>assistons</u> à la prolifération de nouveaux types de médicaments qui <u>améliorent</u> la santé mentale. On peut enfin, grâce à des procédés chimiques complexes, <u>se soigner</u> l'âme comme on se soigne une dent. *witness* / *rendent meilleur* / *to care for*
>
> L'apparition d'antidépresseurs ou d'autres tranquillisants met en question le pouvoir des laboratoires pharmaceutiques dans la médecine moderne. Peut-on <u>se fier</u> à une <u>ordonnance</u>, et quelles sont les conséquences d'une consommation si importante de médicaments? *faire confiance;* / *prescription*

*(marges: ligne 5, ligne 10, ligne 15)*

## VOCABULAIRE DE BASE

**Quelques types de maladies:**

| Mentales | Physiques |
|---|---|
| la dépression | la grippe = *flu* |
| la névrose | la rougeole = *measles* |

| la phobie | la varicelle = *chickenpox* |
|---|---|
| la psychose | un rhume = *cold* |
| la paranoïa | l'angine *(m)* = *sore throat* |
| la kleptomanie | la bronchite = *bronchitis* |
| l'amnésie *(f)* | les oreillons *(m)* = *mumps* |

# Stratégie de lecture

*LES HOMONYMES*

Les homonymes sont des mots qui s'écrivent ou se prononcent de façon identique sans avoir la même signification. Dans les homonymes, on peut distinguer deux catégories de mots: les homographes, qui ont une orthographe identique (*une cuisinière = «a cook»; une cuisinière = «a kitchen range or stove»*), et les homophones, qui ont une prononciation identique (*foie = «liver»; foi = «faith»; fois = «times»*). Ce sont les homographes qui peuvent poser des problèmes lors de la lecture. Par exemple, le mot *noyer* peut être un verbe qui veut dire *«to drown»* ou un substantif qui signifie *«a walnut tree»*.

**Exercice pratique**

Trouvez les différents sens des homographes suivants:

a. consommation  *pour boire*

b. bière  *une boison, coffen*

c. chœur

d. pellicule

**EXERCICES SUR LE VOCABULAIRE**

❶ **Vocabulaire en contexte**                          *réponses, p. 116*

Complétez le tableau suivant en utilisant les mots de la liste ci-dessous:

guérir        gélules        malaises        remèdes

**On se soigne avec des...**

-médicaments

-drogues

a. _____

**tels que les...**

-pillules

-comprimés

-cachets

-capsules

-potions

-poudres

-sirops

b. _____

**qui sont utilisés pour...**

-soigner

-soulager

-traiter

-améliorer

c. _____

les...

-maladies

-infections

-problèmes de santé

-états fébriles

d. _____

**②  Familles de mots**                    *réponses, p. 116*

Complétez le tableau suivant. Consultez le dictionnaire si c'est nécessaire.

|     | verbes | adjectifs | noms |
|-----|--------|-----------|------|
| a. | déprimer | _____ | _____ |
| b. |        | _____ | maladie |
| c. | améliorer |          | _____ |
| d. | _____ | guéri(e) | _____ |
| e. | _____ | _____ | consommation |
| f. | _____ | enrhumé(e) | _____ |
| g. | se droguer | _____ | _____ |
| h. | épicer | _____ | _____ |
| i. | _____ | infecté(e) | _____ |
| j. | apparaître |          | _____ |

**③  Synonymes**                    *réponses, p. 116*

I.  Trouvez dans la colonne B les synonymes des termes de la colonne A. Mettez la lettre correspondant à votre choix dans l'espace qui vous est fourni.

A                                             B

1.  soigner          ____          a.  complication
2.  drogue           ____          b.  se multiplier
3.  maladie          ____          c.  guérir
4.  problème         ____          d.  remède
5.  proliférer       ____          e.  infection

II.  Trouvez dans la colonne B les antonymes des termes de la colonne A. Mettez la lettre correspondant à votre choix dans l'espace qui vous est fourni.

A                                             B

1.  améliorer        ____          a.  âme
2.  important        ____          b.  complexe
3.  malade           ____          c.  aggraver
4.  simple           ____          d.  sain
5.  corps            ____          e.  insignifiant

**④  D'une langue à l'autre**                    *réponses, p. 116*

Retrouvez dans le texte d'introduction la traduction française des expressions suivantes.

a.  *to reduce a fever*_____

b.  *of all kinds* _____

c.  *to feel better*_____

d.  *to question* _____

e.  *health problems* _____

# Lecture principale

*PROZAC: LA PROMESSE DU BONHEUR*

Nous savons maintenant que les pensées et les émotions, nor-
males ou non, sont le résultat des processus chimiques du
cerveau. Il est donc tout à fait possible que dans dix ou quinze ans   *brain*
on soit en mesure de fournir des médicaments pouvant amélio-   *to provide*
5   rer les facultés d'apprentissage, contrôler efficacement l'anxiété
ou l'aggressivité.

Toutes les grandes compagnies pharmaceutiques ont en
chantier des molécules capables de modifier certaines fonctions
de la pensée, notre humeur ou nos états d'âme. Il y a déjà l'une
10   de ces molécules sur le marché, le Prozac, dont on parle beaucoup, un antidépresseur que des milliers de gens en bonne santé
mentale prennent aux États-Unis, surtout pour raffermir leur   *to strengthen*
confiance en eux-mêmes, stimuler leur dynamisme et leur moral,
parfois même pour maigrir.

15   Mais comment expliquer cette influence chimique sur nos idées
noires? Les cellules du cerveau ne sont pas directement reliées les   *linked*
unes aux autres. Pour communiquer, chaque neurone émet une substance chimique (un neuro-transmetteur) dans l'espace qui le
sépare de son voisin, et où ce dernier va la «repêcher». C'est sur ce   *reprendre*
20   système de communication qu'agissent les médicaments qui influ-
encent le fonctionnement du cerveau comme les antipsychotiques
ou les antidépresseurs. On peut ainsi diminuer les pensées dépres-   *réduire*
sives, les réactions impulsives ou les réactions de panique.

Les recherches sur la façon de comprendre les malaises de   *les maladies*
25   l'âme et de la personnalité nous amènent à la fusion inévitable
entre psychothérapie et neurologie.

Malgré son succès phénoménal, le Prozac, pillule du bonheur,
ne fait pas toujours l'unanimité. Au contraire d'autres tranquil-
lisants comme le valium ou le librium, le Prozac prend du temps
30   à agir, de six à huit semaines, et reste sans effet sur un nombre
important de dépressifs graves. Au sens strict, ce n'est donc pas
un des meilleurs antidépresseurs.

La modification chimique du comportement est un processus   *behaviour*
vieux comme le monde. Les barbituriques et autres somnifères,   *sleeping pills*
35   comme le Véronal, sont très connus. C'est la grande popularité du
Prozac qui ramène de façon aiguë le débat moral sur la possibilité de modifier le caractère par intervention chimique. Est-il
souhaitable de pouvoir gommer toute anxiété ou tout stress?   *désirable; effacer*
Après tout, l'anxiété sert aussi à quelque chose, par exemple à
40   prévoir le pire et à se donner les moyens de l'éviter.

Il y a aussi des questions plus terre à terre qu'on ne peut élu-   *pratique*
der. On ne compte plus les substances d'abord considérées
comme inoffensives et qui, à long terme, se sont révélées dan-

gereuses. Le cerveau est un terrain fascinant et la science s'y
45  aventure de plus en plus loin. Mais c'est aussi un terrain dangereux où la plus petite erreur peut être fatale.

*(Adapté de «Le bonheur sur ordonnance», de Louise Gendron, dans* L'actualité, *1 juin 1994)*

## EXERCICES SUR LA LECTURE

**❶ Synonymes** *réponses, p. 116*

Trouvez dans la colonne B les synonymes des termes de la colonne A. Mettez la lettre
correspondant à votre choix dans l'espace qui vous est fourni.

| *A* | | *B* |
|---|---|---|
| I. pensée | ____ | a. durcir |
| 2. état d'âme | ____ | b. récupérer |
| 3. raffermir | ____ | c. idée |
| 4. repêcher | ____ | d. humeur |
| 5. inéluctable | ____ | e. éviter |
| 6. comportement | ____ | f. sans danger |
| 7. gommer | ____ | g. prosaïque |
| 8. terre à terre | ____ | h. effacer |
| 9. éluder | ____ | i. attitude |
| 10. inoffensif | ____ | j. inévitable |

**❷ Le mot juste** *réponses, p. 116*

Complétez les phrases suivantes avec des mots ou expressions que vous devez trouver
dans la lecture principale. Le chiffre vous renvoie à la ligne du texte appropriée.

a. Pour ce devoir, il faut _____ des exemples. (4)

b. Il a perdu la _____ d'écrire. (5)

c. Maintenant, quand on est déprimé, on peut avaler un _____ pour se sentir
mieux. (11)

d. C'est le _____ qui contrôle le reste du corps. (3)

e. Pour sortir complètement de la dépression, on peut suivre une _____ avec
un psychologue. (26)

**❸ Moulin à phrases** *à faire corriger*

Faites des phrases (d'au moins dix mots) illustrant bien le sens des termes suivants.

a. substance _____

_____

b. terrain _____

_____

c. molécule _____

d. tranquillisant _____

_____

e. somnifère _____

_____

**❹ Vrai ou faux?** *réponses, p. 116*

Indiquez si l'énoncé est vrai (V) ou faux (F) dans l'espace qui vous est fourni.

a. Dans dix ou quinze ans, il n'y aura plus de médicaments contre la grippe. ＿＿

b. On trouve le Prozac dans les marchés. ＿＿

c. On peut parfois utiliser le Prozac dans une cure d'amaigrissement. ＿＿

d. Le Prozac ne plaît pas à tout le monde. ＿＿

e. Le Prozac agit très vite. ＿＿

**❺ Compréhension** *à faire corriger*

Après avoir relu la lecture principale, répondez aux questions suivantes.

a. De quoi résultent les émotions humaines?

＿＿＿＿＿＿＿＿＿＿＿＿＿＿＿＿＿＿＿＿＿＿＿＿＿＿＿＿＿＿＿＿＿＿

＿＿＿＿＿＿＿＿＿＿＿＿＿＿＿＿＿＿＿＿＿＿＿＿＿＿＿＿＿＿＿＿＿＿

b. Comment envisage-t-on de contrôler l'anxiété ou l'aggressivité?

＿＿＿＿＿＿＿＿＿＿＿＿＿＿＿＿＿＿＿＿＿＿＿＿＿＿＿＿＿＿＿＿＿＿

＿＿＿＿＿＿＿＿＿＿＿＿＿＿＿＿＿＿＿＿＿＿＿＿＿＿＿＿＿＿＿＿＿＿

c. Y a-t-il déjà une molécule capable de modifier l'humeur des gens? Laquelle?

＿＿＿＿＿＿＿＿＿＿＿＿＿＿＿＿＿＿＿＿＿＿＿＿＿＿＿＿＿＿＿＿＿＿

＿＿＿＿＿＿＿＿＿＿＿＿＿＿＿＿＿＿＿＿＿＿＿＿＿＿＿＿＿＿＿＿＿＿

d. Aux États-Unis, les gens qui prennent du Prozac sont-ils tous malades? Expliquez.

＿＿＿＿＿＿＿＿＿＿＿＿＿＿＿＿＿＿＿＿＿＿＿＿＿＿＿＿＿＿＿＿＿＿

＿＿＿＿＿＿＿＿＿＿＿＿＿＿＿＿＿＿＿＿＿＿＿＿＿＿＿＿＿＿＿＿＿＿

e. Pourquoi peut-on prendre du Prozac?

＿＿＿＿＿＿＿＿＿＿＿＿＿＿＿＿＿＿＿＿＿＿＿＿＿＿＿＿＿＿＿＿＿＿

＿＿＿＿＿＿＿＿＿＿＿＿＿＿＿＿＿＿＿＿＿＿＿＿＿＿＿＿＿＿＿＿＿＿

f. Comment les neurones du cerveaux communiquent-ils entre eux?

＿＿＿＿＿＿＿＿＿＿＿＿＿＿＿＿＿＿＿＿＿＿＿＿＿＿＿＿＿＿＿＿＿＿

＿＿＿＿＿＿＿＿＿＿＿＿＿＿＿＿＿＿＿＿＿＿＿＿＿＿＿＿＿＿＿＿＿＿

g. Que veut dire cette phrase: «Les recherches sur la façon de comprendre les malaises de l'âme et de la personnalité nous amènent à la fusion inévitable entre psychothérapie et neurologie»?

＿＿＿＿＿＿＿＿＿＿＿＿＿＿＿＿＿＿＿＿＿＿＿＿＿＿＿＿＿＿＿＿＿＿

＿＿＿＿＿＿＿＿＿＿＿＿＿＿＿＿＿＿＿＿＿＿＿＿＿＿＿＿＿＿＿＿＿＿

h. Pourquoi le Prozac ne fait-il pas l'unanimité?

＿＿＿＿＿＿＿＿＿＿＿＿＿＿＿＿＿＿＿＿＿＿＿＿＿＿＿＿＿＿＿＿＿＿

＿＿＿＿＿＿＿＿＿＿＿＿＿＿＿＿＿＿＿＿＿＿＿＿＿＿＿＿＿＿＿＿＿＿

i. Pourquoi l'auteur se demande-t-il s'il est souhaitable de se débarrasser de l'anxiété?

＿＿＿＿＿＿＿＿＿＿＿＿＿＿＿＿＿＿＿＿＿＿＿＿＿＿＿＿＿＿＿＿＿＿

＿＿＿＿＿＿＿＿＿＿＿＿＿＿＿＿＿＿＿＿＿＿＿＿＿＿＿＿＿＿＿＿＿＿

j. Donnez des exemples des inconvénients que peuvent apporter l'utilisation des médicaments dans le contrôle des émotions humaines.

＿＿＿＿＿＿＿＿＿＿＿＿＿＿＿＿＿＿＿＿＿＿＿＿＿＿＿＿＿＿＿＿＿＿

＿＿＿＿＿＿＿＿＿＿＿＿＿＿＿＿＿＿＿＿＿＿＿＿＿＿＿＿＿＿＿＿＿＿

## Partie I    Synonymes

*(10 x 0.5 = 5 points)*

Trouvez dans la colonne B les synonymes des termes de la colonne A. Mettez la lettre correspondant à votre choix dans l'espace qui vous est fourni.

| A | | B |
|---|---|---|
| 1. malade | ___ | a. facile |
| 2. simple | ___ | b. médicament |
| 3. compliqué | ___ | c. soigner |
| 4. proliférer | ___ | d. souffrant |
| 5. déprimé | ___ | e. arranger |
| 6. guérir | ___ | f. se multiplier |
| 7. drogue | ___ | g. complexe |
| 8. améliorer | ___ | h. stressé |
| 9. récupérer | ___ | i. éluder |
| 10. éviter | ___ | j. reprendre |

## Partie II    Familles de mots

*(10 x 0.5 = 5 points)*

Complétez le tableau suivant.

| verbes | adjectifs | noms |
|---|---|---|
| épicer | a._____ | b._____ |
| | corporel(le) | c._____ |
| d._____ | | soin |
| e._____ | f._____ | simplicité |
| raffermir | | g._____ |
| penser | | h._____ |
| | i._____ | médecine |
| apparaître | | j._____ |

## Partie III    Compréhension

*(10 x 2 = 20 points)*

En vous basant sur la lecture principale de ce chapitre, choisissez l'élément qui complète le mieux le début de phrase qui vous est donné. Mettez la lettre correspondant à votre choix dans l'espace qui vous est fourni.

___  1.  Selon le passage, les émotions humaines sont...

    a.  purement métaphysiques.

    b.  différentes en fonction de l'environnement.

    c.  liées au fonctionnement chimique du cerveau.

    d.  impossibles à définir.

___  2.  Le Prozac...

    a.  réduit le stress.

    b.  fait tomber la fièvre.

    c.  fait dormir.

    d.  soigne les migraines.

_____ 3.  Le Prozac peut aussi...

    a.  stimuler.

    b.  ralentir.

    c.  faire grossir.

    d.  raffermir la peau.

_____ 4.  Un neuro-transmetteur...

    a.  est un poste de radio.

    b.  est d'origine mécanique.

    c.  permet la communication entre les neurones du cerveau.

    d.  est un médicament.

_____ 5.  Les médicaments comme le Prozac agissent sur le système de communication...

    a.  téléphonique.

    b.  entre les scientifiques.

    c.  qui fait fonctionner le cerveau.

    d.  qui fait fonctionner les muscles.

_____ 6.  Selon le texte, le Prozac...

    a.  plaît à tout le monde.

    b.  partage les opinions.

    c.  est fortement critiqué.

    d.  laisse indifférent.

_____ 7.  Le Prozac agit...

    a.  rapidement.

    b.  plus vite que le valium.

    c.  aussi vite que le librium.

    d.  plus lentement que d'autres tranquillisants.

_____ 8.  Le Prozac est...

    a.  un meilleur antidépresseur.

    b.  un meilleur somnifère.

    c.  sans effet sur certains cas de dépressions.

    d.  sans effet sur le cancer.

_____ 9.  Se débarrasser du stress est...

    a.  nécessaire.

    b.  sans grande importance.

    c.  utile seulement dans certains cas.

    d.  dangereux.

_____ 10.  Le cerveau est un domaine...

    a.  que l'on peut facilement contrôler.

    b.  ennuyeux.

    c.  délicat.

    d.  mortel.

20

## Partie IV    Travaux sur texte

### A    Mots superflus

*(10 x 0.5 = 5 points)*

Dans le texte suivant, des mots qui ne sont pas nécessaires ont été rajoutés. Soulignez les dix mots superflus.

*ABUS DANGEREUX*

Consommer trop de maison médicaments peut être dangereux. Les risques rouge de s'intoxiquer chercher ne sont pas moindres. Beaucoup comme d'accidents se produisent avec dans les foyers mal informés. Il est oui nécessaire de vendre lire attentivement la morte notice d'emploi avant enfant de prendre un médicament médical.

### B    Le mot juste

*(10 x 1 = 10 points)*

Dans le texte suivant, des espaces ont été laissés vides. Trouvez dans la liste ci-dessous les mots qui peuvent compléter le texte. Faites tout changement grammatical nécessaire.

| | | | | |
|---|---|---|---|---|
| utilisation | prescription | traitement | avaler | symptômes |
| mélanger | sécheresse | enfants | dépasser | portée |

NOTICE D'EMPLOI

**Contre-indications:**

Ne pas administrer aux (1) _____ de moins de 7 ans.

Ne pas (2) _____ avec un autre médicament.

Ne pas (3) _____ la dose prescrite.

Ne pas continuer le (4) _____ si les troubles persistent; consulter le médecin.

Si vous êtes enceinte ou si vous allaitez, informez-en votre médecin.

**Précautions d'emploi:**

Se conformer à la (5) _____ médicale.

Ne pas (6) _____.

Ne pas laisser à la (7) _____ des enfants.

**Effets indésirables:**

Sensation de (8) _____ nasale.

En cas d'(9) _____ prolongée, des palpitations cardiaques peuvent survenir.

Au-delà d'une semaine de traitement, certains (10) _____ peuvent réapparaître. Dans ce cas, consulter un médecin.

### C    Compréhension de texte

*(5 x 1 = 5 points)*

Après avoir fait les exercices A et B, vous pouvez reconstituer les deux textes précédents. Répondez alors au questionnaire à choix multiples. Mettez la lettre correspondant à votre choix dans l'espace qui vous est fourni.

_____    1.    Consommer trop de médicaments...

    a.    est mauvais pour la santé.

    b.    est bon pour la santé.

    c.    est sans risques.

    d.    peut éviter des accidents.

___ 2. Pour éviter de s'intoxiquer avec un médicament, il faut...

    a. écrire la notice d'emploi.

    b. suivre son instinct.

    c. lire la notice d'emploi.

    d. prendre la moitié du médicament.

___ 3. Une des contre-indications de ce médicament est de...

    a. ne pas l'administrer aux animaux.

    b. diminuer la dose prescrite.

    c. ne pas le mélanger avec du lait.

    d. consulter le médecin si on allaite.

___ 4. Une des précautions d'emploi est de...

    a. ne pas inhaler.

    b. le placer hors d'atteinte des enfants.

    c. ne pas laisser à la portée des femmes enceintes.

    d. l'avaler avec un autre médicament.

___ 5. Un des effets indésirables est...

    a. une sensation de picotement.

    b. des palpitations des narines.

    c. la sécheresse buccale.

    d. la sécheresse nasale.

$\dfrac{\phantom{0}}{5}$

*réponses, p. 116*

Résultat du test

$$\frac{\phantom{00}}{50} \times 2 = \frac{\phantom{00}}{100}$$

# dix

## L'EUTHANASIE

### PRISE DE CONSCIENCE

1. Que pensez-vous de l'euthanasie?
2. Croyez-vous que l'on devrait légaliser certaines formes de l'euthanasie?
3. Croyez-vous que l'on devrait punir les gens qui pratiquent l'euthanasie?

## Texte d'introduction

*L'EUTHANASIE*

L'euthanasie est un sujet tabou car il parle de la mort. Il s'agit de décider si l'on peut oui ou non aider quelqu'un à mourir quand il le <u>souhaite</u>. Les gens qui souffrent de maladies incurables comme le cancer ou le <u>sida</u> savent qu'ils vont mourir de toute façon. Il y
5 en a qui cherchent à éviter trop de souffrance en mettant définitivement fin à leurs jours.

désire

*AIDS*

Bien souvent, les malades qui souffrent beaucoup sont incapables matériellement de se suicider. Quand la douleur est intolérable, et quand il n'y a plus d'espoir, alors la vie ne semble
10 pas la peine d'être vécue. Les gens qui en ont assez de lutter pour vivre ont alors besoin des autres pour les aider à mourir.

Les proches comme la famille et les amis ne peuvent pas vraiment prendre la responsabilité d'un tel acte, car ils peuvent être accusés de meurtre. C'est donc au corps médical de prendre
15 cette décision et d'administrer des drogues qui vont aider le malade à mourir.

Mais cette décision est très difficile à prendre. Il s'agit d'une question d'éthique qui concerne la société toute entière.

L'euthanasie existe déjà pour les animaux. Les vétérinaires ont
20 le droit de mettre fin aux jours d'un animal s'il souffre trop. Que faire dans le cas des humains? Le débat reste ouvert.

### VOCABULAIRE DE BASE

**Les réactions face à la maladie**
**Négatives:** la peur, l'angoisse *(f)*, le désespoir, la souffrance, la douleur, la panique, la perte du contrôle de soi, la dépression, la perte du goût de vivre, le désir de mourir,

le pessimisme

**Positives:** le courage, l'envie *(f)* de lutter, l'espoir *(m)*, la confiance en soi et en l'avenir, l'optimisme *(m)*, le positivisme, le moral de vainqueur

**Ce dont on a besoin:** le soutien moral, l'aide *(f)*, la solidarité, la compréhension, les soins médicaux, l'encouragement *(m)*

# Stratégie de lecture

*LA STRUCTURE DES TEXTES*

Pour bien comprendre un texte, il est utile d'en dégager sa structure. Il y a bien sûr toujours un titre qui annonce le thème central du texte. Le premier paragraphe est d'habitude une entrée en matière qui clarifie le sens du titre et qui dévoile souvent la direction que l'auteur va prendre dans son traitement du sujet.

Les paragraphes qui suivent présentent chacun un argument ou un aspect du sujet. Des éléments de transition relient un paragraphe à un autre afin de faciliter la lecture en montrant le développement de la pensée. Ces éléments de transition peuvent être des expressions impersonnelles (*il est clair que, il est exact que*), des conjonctions (*par ailleurs, mais, en effet, puisque*) ou des adverbes (*sans doute, en conclusion, évidemment*).

Chaque argument ou aspect est appuyé par des renseignements supplémentaires tels les exemples, les illustrations ou les citations. Ceux-ci contribuent à développer les idées présentées et fournissent souvent un contexte de référence.

Le dernier paragraphe présente en général une conclusion. Celle-ci peut être une synthèse du texte ou une question ouvrant le débat sur l'irrésolu ou sur un autre aspect du sujet.

**Exercice pratique**

Relisez le texte d'introduction et faites un schéma de la stucture du texte.

_____

_____

_____

_____

_____

## EXERCICES SUR LE VOCABULAIRE

**❶ Vocabulaire en contexte**

*réponses, p. 116*

Complétez le tableau suivant en utilisant les mots de la liste ci-dessous:

    partir avec dignité    leur donner confiance    se suicider    délicat    le sida

**Les maladies qui peuvent être incurables, comme...**

    -le cancer

    -la leucémie

    -l'hépatite

    -la sclérose en plaques

    a. _____

EXERCICE

**sont souvent insupportables pour les malades, qui désirent alors...**

-mourir

-se tuer

-mettre fin à leurs jours

-en finir avec la vie

b. _____

**pour vraiment...**

-abréger leurs souffrances

-terminer leur calvaire

-cesser d'agoniser

c. _____

**et pour cela ils ont besoin du corps médical pour...**

-les soutenir

-leur administer des drogues ou des poisons mortels

-cesser leur alimentation par voie intraveineuse

d. _____

**mais cela reste encore un problème...**

-tabou

-d'éthique

-brûlant

-difficile

-non résolu

e. _____

*réponses, p. 116*

❷ **Familles de mots**

Complétez le tableau suivant. Consultez le dictionnaire si c'est nécessaire.

| | verbes | adjectifs | noms |
|---|---|---|---|
| a. | _____ | mortel(le) | _____ |
| b. | _____ | | souhait |
| c. | | matériel(le) | _____ |
| d. | vivre | _____ | _____ |
| e. | | _____ | médecine |
| f. | _____ | | aide |
| g. | | _____ | maladie |
| h. | essayer | | _____ |
| i. | _____ | | débat |
| j. | _____ | | souffrance |

*réponses, p. 116*

❸ **Synonymes et antonymes**

I. Trouvez dans la colonne B les synonymes des termes de la colonne A. Mettez la lettre correspondant à votre choix dans l'espace qui vous est fourni.

A

1. agonisant  _____
2. incurable  _____
3. mourir  _____
4. tabou  _____
5. douloureux  _____

B

a. interdit

b. pénible

c. mourant

d. décéder

e. inguérissable

EXERCICE

EXERCICE

II. Trouvez dans la colonne B les antonymes des termes de la colonne A. Mettez la lettre correspondant à votre choix dans l'espace qui vous est fourni.

| A | | B |
|---|---|---|
| 1. mort | ___ | a. désespoir |
| 2. difficile | ___ | b. panique |
| 3. partir | ___ | c. vie |
| 4. espoir | ___ | d. rester |
| 5. courage | ___ | e. facile |

❹ **Sens et contexte**                              *à faire corriger*

En vous aidant du dictionnaire, expliquez en français le sens des expressions suivantes.

a. éthique_____

b. abréger_____

c. agonie_____

d. angoisse_____

e. résoudre_____

❺ **D'une langue à l'autre**                        *réponses, p. 116*

Retrouvez dans le texte d'introduction la traduction française des expressions suivantes.

a. *to end*_____

b. *to commit suicide*_____

c. *to be worth living*_____

d. *to give drugs*_____

e. *to have a right to*_____

EXERCICE

# Lecture principale

*L'EUTHANASIE*

Les demandes d'euthanasie des <u>sidéens</u> viennent surtout de ceux qui     *people with AIDS*
ont choisi de mourir chez eux. Mais les demandes sérieuses sont
rares, d'une part à cause de l'espoir que les sidéens <u>entretiennent</u>     gardent
toujours et, d'autre part, parce que le sida évolue <u>en dents de scie</u>: un     irrégulièrement
5  malade que l'on croit arrivé à sa dernière heure le matin peut parfois
faire une promenade en fin de journée.

   Le docteur Clément Olivier consacre 95% de sa pratique aux
sidéens. Il est confronté tous les jours à la mort. «Les vraies
demandes, dit-il, <u>surviennent</u> dans des situations extrêmes où l'é-     arrivent
10 tat physique et psychique du patient est d'une misère incroyable
et où il est abandonné par ses proches, condamné à mourir seul
dans un appartement <u>délabré</u>.»     en mauvais état

   Le Dr Olivier parle aussi de la discrimination dans le système
de santé. «On ne fait pas d'<u>acharnement</u> thérapeutique pour le     grand effort
15 sida comme pour le cancer, et il faut se battre pour obtenir de
l'aide aux sidéens à domicile. On dépend encore beaucoup du

travail des bénévoles.»                                                    *volunteers*

    Dans plusieurs hôpitaux montréalais, un sidéen n'est admis
que s'il signe d'avance un protocole selon lequel il consent à
20  servir de «demi-cobaye». Le Dr Olivier explique: «Le sida nous          *guinea pig*
pose quotidiennement des questions éthiques fondamentales.
Nous avons affaire à des jeunes, c'est une maladie nouvelle, on ne
dispose encore d'aucun traitement, et il existe une énorme com-
pétition scientifique dont les patients sont les victimes.»

25     Plusieurs patients du Dr Olivier se sont suicidés. En général,
ceux qui se suicident le font quand ils sont séropositifs. Souvent,
ils n'en sont pas à leur première tentative, ou souffrent de trou-          un essai
bles de la personnalité.

    Aujourd'hui, dès qu'un patient découvre qu'il est séropositif,
30  Clément Olivier lui demande comment il voit sa vie dans le
présent, sa mort, la souffrance. «Je leur demande s'ils envisagent       considèrent
l'euthanasie dans une situation extrême. Ils en sont très contents,
vraiment soulagés. Le plus souvent, ceux qui parlent spontané-           *relieved*
ment d'euthanasie ou de suicide sont ceux qui traversent le
35  mieux toutes les étapes de la maladie.»                                  *stages*

    Le Dr Olivier est maintenant persuadé qu'il a raison de prêter
une oreille attentive aux requêtes de ses patients à ce sujet.
«Dans bien des cas, le simple fait d'en parler fait beaucoup diminuer l'angoisse du patient, et il ne refait plus la demande. Il y a
40  beaucoup de sidéens qui réclament l'euthanasie pour l'avenir, pas      demandent
dans l'immédiat. Cela leur donne confiance d'en parler. C'est
important d'aborder le sujet parce qu'il est tabou. J'ai moins de        *to bring up*
demandes d'euthanasie depuis que j'en parle ouvertement.»

    Le Dr Olivier pense que le problème est que les médecins sont
45  mal préparés à affronter la mort. «On nous enseigne à défendre la
vie, de sorte qu'on panique devant la mort. Pour pouvoir bien réa-
gir en tant que médecin, il faut d'abord régler cette question comme      résoudre
individu. Cela m'a pris du temps, mais je ne perçois plus maintenant
une demande d'euthanasie comme une agression, ou comme un
50  échec, comme c'est souvent le cas pour plusieurs médecins.»            *failure*

    Souhaite-t-il que la loi soit modifiée? «Je ne crois pas qu'on
puisse rédiger une loi qui aborde le problème de manière              écrire
générale. Même si l'euthanasie était légalisée, cela ne réglerait
rien. Donner une injection pour aider quelqu'un à mourir serait
55  passer à côté de la réalité qui est : qu'est-ce que mourir?»

    Il aimerait surtout voir changer les attitudes. «Il n'y a pas
seulement la vieillesse qui est écartée de notre société: il y a aussi      isolée
la souffrance. Les panneaux publicitaires ne montrent que des          *billboards*
gens en grande forme. La souffrance aussi est devenue un tabou.»

*(Adapté de «Quand un sidéen veut mourir», de Véronique Robert, dans* L'actualité,
*1 novembre 1993)*

**EXERCICE**

## ❶ Synonymes et antonymes

réponses, p. 116

I. Trouvez dans la colonne B les synonymes des termes de la colonne A. Mettez la lettre correspondant à votre choix dans l'espace qui vous est fourni.

| A | | B |
|---|---|---|
| 1. tabou | ____ | a. heureux |
| 2. misère | ____ | b. essai |
| 3. rare | ____ | c. interdit |
| 4. content | ____ | d. pauvreté |
| 5. tentative | ____ | e. unique |

II. Trouvez dans la colonne B les antonymes des termes de la colonne A. Mettez la lettre correspondant à votre choix dans l'espace qui vous est fourni.

| A | | B |
|---|---|---|
| 1. sérieux | ____ | a. succès |
| 2. bénévole | ____ | b. régresser |
| 3. abandonner | ____ | c. salarié |
| 4. échec | ____ | d. futile |
| 5. évoluer | ____ | e. soutenir |

## ❷ Le mot juste

réponses, p. 116

Complétez les phrases suivantes avec des mots ou des expressions que vous devez trouver dans la lecture principale. Le chiffre vous renvoie à la ligne du texte appropriée.

a. Ce médicament _____ vraiment la douleur. (33)

b. Un malade du cancer doit _____ contre le désespoir s'il veut être assez fort pour guérir. (15)

c. Un malade du sida est un _____, et un malade du cancer est un cancéreux. (1)

d. Les rats et les souris sont utilisés comme _____ dans les laboratoires. (20)

e. La famille d'un malade incurable doit avoir une _____ positive si elle veut vraiment le soutenir. (56)

## ❸ Phrases à pièges

à faire corriger

Corrigez les phrases suivantes pour qu'elles retrouvent un sens logique.

a. Les sidéens doivent se rendre à l'hôtel pour être soignés.

_____

b. Un appartement délabré est un appartement neuf et moderne.

_____

c. Un bénévole est quelqu'un que l'on paye très cher pour faire un travail.

_____

d. Ils prennent des médicaments quotidiennement, c'est-à-dire tous les mois.

_____

e. Si les résultats sont en dents de scie, ils sont réguliers.

_____

**❹ Vrai ou faux?**     *réponses, p. 116*

Indiquez si l'énoncé est vrai (V) ou faux (F) dans l'espace qui vous est fourni.

a. Le Dr Olivier ne s'occupe que des cancéreux.     ____

b. Les malades du sida sont bien acceptés dans le milieu hospitalier.     ____

c. Le sida touche surtout les jeunes.     ____

d. Le Dr Olivier est toujours à l'écoute de ses malades.     ____

e. Notre société respecte la souffrance.     ____

**❺ Compréhension**     *à faire corriger*

Après avoir relu la lecture principale, répondez aux questions suivantes.

a. Dans le cas du sida, quelles sont les personnes qui demandent l'euthanasie en particulier?

_____

b. Le sida est-il une maladie prévisible? Pourquoi?

_____

c. Le Dr Olivier consacre-t-il beaucoup de temps aux sidéens? Expliquez.

_____

d. Dans quels cas les malades du sida veulent-ils mourir?

_____

e. Que doit-on faire dans certains hôpitaux de Montréal pour se faire soigner du sida?

_____

f. Que fait le Dr Olivier quand un de ses patients est séropositif?

_____

g. Quelles en sont les conséquences sur les patients?

_____

h. Pourquoi est-il important d'aborder le sujet de l'euthanasie?

_____

i. Quels sont les problèmes des médecins avec l'euthanasie?

_____

j. Quel est le problème le plus important en ce qui concerne la société, selon le Dr Olivier?

_____

## Partie I    Synonymes

*(10 x 0.5 = 5 points)*

Trouvez dans la colonne B les synonymes des termes de la colonne A. Mettez la lettre correspondant à votre choix dans l'espace qui vous est fourni.

| A | | B |
|---|---|---|
| 1. interdit | ___ | a. tentative |
| 2. rare | ___ | b. agonisant |
| 3. brûlant | ___ | c. tabou |
| 4. mourant | ___ | d. aide |
| 5. inguérissable | ___ | e. unique |
| 6. difficile | ___ | f. chaud |
| 7. essai | ___ | g. délaissé |
| 8. heureux | ___ | h. dur |
| 9. abandonné | ___ | i. content |
| 10. soutien | ___ | j. incurable |

## Partie II    Familles de mots

*(10 x 0.5 = 5 points)*

Complétez le tableau suivant.

| verbes | adjectifs | noms |
|---|---|---|
| | a._____ | vérité |
| mourir | | b._____ |
| c._____ | ouvert(e) | d._____ |
| e._____ | | soulagement |
| | attentif(-ive) | f._____ |
| débattre | | g._____ |
| | médical(e) | h._____ |
| guérir | i._____ | j._____ |

## Partie III    Compréhension

*(10 x 2 = 20 points)*

En vous basant sur la lecture principale de ce chapitre, choisissez l'élément qui complète le mieux le début de phrase qui vous est donné. Mettez la lettre correspondant à votre choix dans l'espace qui vous est fourni.

___  1.  Les sidéens qui réclament l'euthanasie veulent surtout mourir...

    a.  chez eux.

    b.  à l'hôpital.

    c.  chez des amis.

    d.  seuls.

___  2.  Les patients du Dr Olivier sont...

    a.  presque tous des sidéens.

    b.  95% de cancéreux.

    c.  5% de sidéens.

    d.  tous suicidaires.

_____ 3. Les malades veulent se suicider car...

    a. ils ont perdu leur emploi.

    b. ils ont trop d'amis.

    c. ils sont abandonnés de tous.

    d. ils n'ont pas confiance dans le docteur.

_____ 4. Dans le milieu hospitalier, le sida est perçu...

    a. de la même façon que le cancer.

    b. mieux que le cancer.

    c. de façon sérieuse.

    d. de façon discriminatoire.

_____ 5. En général, les sidéens qui parlent facilement de suicide...

    a. ont le plus de mal à supporter la maladie.

    b. supportent le mieux les différents stades de la maladie.

    c. se suicident toujours.

    d. ne se suicident jamais.

_____ 6. En général, le sujet de l'euthanasie est...

    a. agréable.

    b. sans intérêt.

    c. tabou.

    d. dangereux.

_____ 7. L'attitude du Dr Olivier par rapport au reste du corps médical est...

    a. encourageante.

    b. négative.

    c. ridicule.

    d. conservatrice.

_____ 8. Les autres médecins perçoivent l'euthanasie comme...

    a. un succès.

    b. un échec.

    c. rien de grave.

    d. un caprice.

_____ 9. Le Dr Olivier pense que la modification de la loi...

    a. changerait la situation de l'euthanasie.

    b. aggraverait la situation de l'euthanasie.

    c. améliorerait la situation de l'euthanasie.

    d. ne changerait pas la situation de l'euthanasie.

_____ 10. D'après le Dr Olivier, la souffrance est...

    a. bien acceptée dans notre société.

    b. sans importance par rapport à la vieillesse.

    c. rejetée par notre société.

    d. plus importante que la vieillesse.

## Partie IV  Travaux sur texte

### A  Le mot juste

(10 x 1 = 10 points)

Dans le texte suivant, des espaces ont été laissés vides. Trouvez dans la liste ci-dessous les mots qui peuvent compléter le texte. Faites tout changement grammatical nécessaire.

| | | | | |
|---|---|---|---|---|
| possible | échange | répondre | étude | jamais |
| docteur | demande | mort | difficile | patient |

*L'EXPÉRIENCE DES HOLLANDAIS*

Jaap Zuidweg est un (1) _____ néerlandais qui a récemment passé six mois à Montréal dans le cadre d'un (2)_____ entre l'Université de Maastricht et l'Université McGill. Il a accepté de (3) _____ à notre question sur la situation de l'euthanasie en Hollande.

«Contrairement à ce qu'on entend parfois, cela n'arrive pas souvent. Une (4) _____ a montré que 1,8% des (5) _____ en Hollande venaient de l'euthanasie. Il m'est arrivé seulement trois ou quatre fois de pratiquer l'euthanasie.

«C'est extrêmement (6) _____ pour le médecin, et on le fait seulement quand il n'y a plus d'autre solution. On parle énormément avec le (7) _____ et sa famille. On doit beaucoup réfléchir ensemble. On s'assure d'abord que tout a été fait pour que le patient soit aussi bien que (8) _____, qu'il ne souffre pas, qu'il ne traverse pas une période de dépression passagère. On n'accepte (9) _____ tout de suite, on attend que le malade ait fait la (10) _____ plusieurs fois.»

*(Adapté de «Quand un sidéen veut mourir», de Véronique Robert, dans* L'actualité, *1 novembre 1993)*

### B  Mots superflus

(10 x 0.5 = 5 points)

Dans le texte suivant, des mots qui ne sont pas nécessaires ont été rajoutés. Soulignez les dix mots superflus.

*L'EXPÉRIENCE DES HOLLANDAIS* (suite)

«On consulte toujours un autre médecin, cela fait partie jeu des directions à suivre. Après la mort bleue, on reste part en contact avec la famille.

«Si le patient persiste feuille dans sa demande, je l'endors avec des médicaments bonbons, puis je lui injecte du curare empoisonné. Il meurt au bout de deux minutes. Si le patient est religieux église, le pasteur mouton ou le curé tour est informé, et il reçoit la dernière diabolique bénédiction ou l'extrême-onction.»

### C  Compréhension de texte

(5 x 1 = 5 points)

Après avoir fait les exercices A et B, vous pouvez reconstituer le texte précédent avec ses deux parties. Répondez alors au questionnaire à choix multiples. Mettez la lettre correspondant à votre choix dans l'espace qui vous est fourni.

___ 1. Jaap Zuidweg est un docteur...
   a. montréalais.
   b. hollandais.
   c. anglais.
   d. de l'Université McGill.

___ 2. La situation de l'euthanasie en Hollande est...
   a. dramatique.
   b. sans gravité.
   c. relativement stable.
   d. incontrôlable.

___ 3. En dehors du patient, le médecin doit parler avec...
   a. le pasteur.
   b. le curé.
   c. un autre patient.
   d. sa famille.

___ 4. Avant d'accepter de pratiquer l'euthanasie, le médecin consulte toujours...
   a. un autre patient.
   b. la famille.
   c. un autre médecin.
   d. le pasteur.

___ 5. Avant de faire mourir un patient qui le désire, le médecin doit...
   a. le faire dormir avec des médicaments.
   b. lui administrer l'extrême-onction.
   c. le bénir.
   d. le réveiller.

$$\frac{}{5}$$

*réponses, p. 116*

Résultat du test

$$\frac{}{50} \times 2 = \frac{}{100}$$

# RÉPONSES AUX EXERCICES

## Chapitre 1

### Exercices sur le vocabulaire
1. a. célibataire
   b. la vie à deux
   c. se dispute
   d. le divorce
2. a. enviable, envie
   b. sacrifice
   c. unir, union
   d. séparer, séparation
   e. liaison
   f. entourer
   g. (se) marier
   h. évoluer, évolution
   i. créatif(-ve), création
   j. aimer, amoureux(-euse)
3. I. 1 c; 2 d; 3 b; 4 e; 5 a
   II. 1 e; 2 d; 3 a; 4 c; 5 b
4. à faire corriger
5. à faire corriger

### Exercices sur la lecture
1. 1 c; 2 d; 3 e; 4 h; 5 b; 6 g; 7 i; 8 j; 9 f; 10 a
2. a. parenté
   b. élever
   c. tante
   d. division
   e. veuvage
   f. reproducteurs
   g. soin
   h. épouser
3. à faire corriger
4. a. V; b. F; c. V; d. V; e. F
5. à faire corriger

### Test
I. a. querelle
   b. libérer
   c. libéral(e)/libertin(e)
   d. épouser
   e. entourer
   f. entourage
   g. séparé(e)
   h. séparation
   i. union
   j. sacrifier
II. 1 d; 2 a; 3 e; 4 f; 5 c; 6 g; 7 b; 8 i; 9 j; 10 h
III. 1 b; 2 d; 3 d; 4 b; 5 d; 6 b; 7 a; 8 c; 9 d; 10 b
IV. A. marié, libres, parenté, vert, pas, barres, couchers, deux, mauvais, séparé
    B. 1. artiste
       2. enfant
       3. énergie
       4. lutter
       5. diurne
       6. égocentrique
       7. travers
       8. sources
       9. évoluer
       10. religion
    C. 1 c; 2 d; 3 b; 4 d; 5 b

## Chapitre 2

### Exercices sur le vocabulaire
1. a. études
   b. un curriculum vitæ
   c. un boulot
   d. gagner sa vie
   e. chômeur
2. a. manuel(le)
   b. installer, installation
   c. renouvelé(e), renou-veau/renouvellement
   d. rapidité
   e. sacrifier, sacrifié(e)
   f. reposé(e), repos
   g. qualifier, qualification
   h. difficile
   i. apprentissage
   j. équilibrer, équilibré(e)
3. I. 1 c; 2 e; 3 f; 4 h; 5 g; 6 a; 7 i; 8 j; 9 b; 10 d
   II. 1 d; 2 e; 3 g; 4 b; 5 h; 6 j; 7 i; 8 a; 9 f; 10 c
4. à faire corriger
5. a. passer un concours
   b. entrevue de travail
   c. se débrouiller
   d. marché du travail
   e. rester à la maison

### Exercices sur la lecture
1. I. 1 d; 2 e; 3 a; 4 b; 5 c
   II. a. dur
       b. mis à pied
       c. inutile de
       d. construit
       e. merveilleux
2. 1 d; 2 f; 3 e; 4 g; 5 h; 6 c; 7 i; 8 a; 9 j; 10 b
3. à faire corriger
4. à faire corriger
5. a. F; b. V; c. F; d. V; e. F
6. à faire corriger

### Test
I. a. travailleur(-euse)
   b. travail
   c. difficile
   d. chômage/chômeur(-euse)
   e. apprendre
   f. sacrifice
   g. garantir
   h. garantie
   i. expérience
   j. stressé(e)
II. 1 d; 2 e; 3 g; 4 h; 5 a; 6 b; 7 i; 8 j; 9 f; 10 c
III. 1 b; 2 a; 3 c; 4 d; 5 c; 6 b; 7 d; 8 a; 9 c; 10 b
IV. A. 1. emploi
       2. licencié
       3. patron
       4. chômage
       5. rester
       6. temps
       7. avenir
       8. chercher
       9. offres
       10. condition
    B. nuit, rouges, mal, papier, maquillage, président, gare, pourquoi, égal, échec
    C. 1 c; 2 b; 3 c; 4 d; 5 a

## Chapitre 3

### Exercices sur le vocabulaire
1. a. les sectes
   b. recrutent
   c. disciples
   d. exploiter
2. I. 1 c; 2 e; 3 g; 4 b; 5 d; 6 h; 7 f; 8 a
   II. 1 h; 2 g; 3 d; 4 f; 5 c; 6 b; 7 e; 8 a
3. a. menaçant(e), menace
   b. déprimer, déprime/dépression
   c. reconnu(e)/reconnaissant(e), reconnaissance
   d. abandonner, abandonné(e)
   e. espérer
   f. divinité
   g. raisonné(e)/raisonnable, raison
   h. guérir, guérison
   i. ruiné(e), ruine
   j. trompé(e)/trompeur(-euse)
4. a. se sentir mieux
   b. reprendre espoir
   c. avoir toujours raison
   d. tirer profit de

e. dire la vérité
5. à faire corriger

## Exercices sur la lecture
1. 1 d; 2 e; 3 f; 4 c; 5 h;
6 i; 7 b; 8 j; 9 a; 10 g
2. a. défense
b. exerce
c. accueil
d. liens
e. escroquerie
3. à faire corriger
4. à faire corriger
5. a. F; b. F; c. V; d. V; e. F
6. à faire corriger

## Test
I. a. menacer
b. menacé(e)/
menaçant(e)
c. guérir
d. reconnaître
e. reconnaissance
f. divin(e)
g. ruiner
h. fragile
i. fragilité
j. abriter
II. 1 d; 2 g; 3 e; 4 f; 5 h; 6 c;
7 b; 8 i; 9 j; 10 a
III. 1 a; 2 c; 3 c; 4 d; 5 b; 6 a;
7 c; 8 c; 9 d; 10 b
IV. A. 1. entraîné
2. mal
3. peau
4. rupture
5. homme
6. escroqué
7. rencontré
8. proposé
9. intéressait
10. chèque
B. moins, heureux, bon,
amical, jamais, franc,
argenté, mauvaise,
toujours, vendre
C. 1 c; 2 a; 3 d; 4 c; 5 d

## Chapitre 4

## Exercices sur le vocabulaire
1. a. un vol
b. soupçonné
c. au tribunal
d. des jurés
2. a. agresser, agressif(-ve)
b. criminel(le)
c. nom/nomination
d. suspecter, suspicion/
suspect(e)
e. solliciter, sollicitation
f. hériter
g. jugement/juge

h. appel
i. témoigner
j. coupable/culpabilité
3. I. a. stationnée
b. contravention
c. libéré
d. criminel
e. feuilleton
II. a. passionnent
b. innocent
c. peu connu
d. souvent
e. illégal
4. à faire corriger
5. a. avocat
b. témoin
c. devoir
d. citoyen
e. procès
f. appel

## Exercices sur la lecture
1. 1 c; 2 f; 3 a; 4 g; 5 h; 6 b;
7 i; 8 e; 9 j; 10 d
2. a. trauma
b. compagnon/
accompagnement
c. déplacement
d. aération
e. preuve
f. destination
g. ignorance
h. valeur
i. humiliation
j. tentation
3. à faire corriger
4. a. F; b. V; c. F; d. F; e. V
5. à faire corriger

## Test
I. a. suspecter —
b. héritage/héritier(-ière)
c. innocenter
d. innocent(e)/innocence
e. témoigner
f. preuve
g. légaliser
h. légalisation/légalité
i. choix
j. séquestration
II. 1 c; 2 d; 3 g; 4 h; 5 i; 6 j;
7 b; 8 f; 9 e; 10 a
III. 1 a; 2 d; 3 c; 4 b; 5 d; 6 a;
7 c; 8 b; 9 c; 10 b
IV. A. 1. citoyens
2. tribunal
3. crime
4. reconnaître
5. témoignage
6. procès
7. pénible
8. jurés
9. fois
10. heures

B. dollars, faux, égal,
diététiques, mal,
perdu, au téléphone,
guerrier, loup,
antiquité
C. 1 b; 2 c; 3 d; 4 a; 5 d

## Chapitre 5

## Exercices sur le vocabulaire
1. a. fatigante
b. se délasser
c. se promener à la
campagne
d. la déprime
e. au boulot
2. a. travailler,
travailleur(-euse)
b. sortie
c. finir, fini(e)
d. réunir, réunion
e. familiariser,
familial(e)/
familier(-ère)
f. spécialiser, spécialité/
spécialiste/
spécialisation
g. profitable, profit
h. tarder, retard
i. distraire, distrait(e)
j. pêche/pêcheur(-euse)
3. I. 1 b; 2 d; 3 a; 4 f; 5 c;
6 g; 7 h; 8 e
II. 1 c; 2 d; 3 f; 4 h; 5 b;
6 g; 7 a; 8 e
4. a. ensemble
b. autour de la table
c. emploi du temps
d. petit à petit
e. côte à côte
5. à faire corriger

## Exercices sur la lecture
1. 1 e; 2 d; 3 a; 4 f; 5 j; 6 h;
7 c; 8 i; 9 g; 10 b
2. a. enfance
b. fait beau
c. rituel
d. sous-sol
e. boire
3. a. fermer, fermé(e)
b. déroulement
c. priver
d. vider, vide/vidé(e)
e. ouvrir, ouvert(e)
f. incité(e), incitation
g. joyeux(-euse)
h. occuper, occupé(e)
i. cuisine
j. aliéner, aliénation
4. à faire corriger
5. a. F; b. V; c. F; d. F; e. V
6. à faire corriger

**Test**

I. a. sortir
   b. finir
   c. fin/finale/finaliste/finalité
   d. spécialité/spécialiste/spécialisation
   e. familiariser
   f. famille
   g. distraire
   h. distraction
   i. joyeux(-euse)
   j. ouverture

II. 1 e; 2 f; 3 d; 4 a; 5 b; 6 h; 7 c; 8 g; 9 j; 10 i

III. 1 c; 2 d; 3 b; 4 a; 5 d; 6 c; 7 a; 8 d; 9 a; 10 c

IV. A.  1. autre
        2. rôles
        3. pêche
        4. garage
        5. télévision
        6. sports
        7. promenades
        8. devoirs
        9. ménage
        10. changé

    B. tristes, animaux, télévision, verts, haut, en voiture, part, extérieur, sont, rugueux

    C. 1 d; 2 a; 3 c; 4 d; 5 c

## Chapitre 6

### Exercices sur le vocabulaire

1. a. un concert
   b. les acrobates
   c. les danseurs
   d. les applaudissements
2. a. représenter, représentatif(-ive)
   b. applaudissement
   c. influencer, influençable
   d. encouragement
   e. dompteur/domptage
   f. chanter
   g. théâtre
   h. textuel(le)
   i. souffle
   j. sifflet/sifflement
3. 1 c; 2 d; 3 e; 4 a; 5 b
4. à faire corriger
5. à faire corriger

### Exercices sur la lecture

1. 1 c; 2 d; 3 a; 4 g; 5 h; 6 b; 7 i; 8 f; 9 j; 10 e
2. a. scène
   b. inspire
   c. art dramatique
   d. compagnie

e. compagnie
f. découvre
g. voltiger
h. cris de joie
3. à faire corriger
4. a. F; b. V; c. F; d. F; e. V
5. faire corriger

**Test**

I. a. passionner
   b. passionné(e)/passionnant(e)
   c. applaudissement
   d. siffler
   e. chant/chanson/chanteur(-euse)
   f. ennuyeux(-euse)/ennuyé(e)
   g. ennui
   h. spectaculaire
   i. séduisant(e)
   j. séduction

II. 1 c; 2 d; 3 e; 4 a; 5 h; 6 i; 7 b; 8 j; 9 g; 10 f

III. 1 c; 2 a; 3 a; 4 b; 5 d; 6 b; 7 c; 8 d; 9 d; 10 b

IV. A.  1. grands
        2. préférés
        3. gestes
        4. rire
        5. seaux
        6. figure
        7. crème
        8. ridicule
        9. mots
        10. peut

    B. tigres, rouge, loin, demain, pouvoir, fou, chats, boire, courir, avoir

    C. 1 c; 2 b; 3 d; 4 a; 5 a

## Chapitre 7

### Exercices sur le vocabulaire

1. a. se branche
   b. un modem
   c. pianote
   d. abonnés
2. a. révolutionner
   b. communiquer, communication
   c. s'abonner, abonnement/abonné(e)
   d. contacter
   e. accès/accessibilité/accession
   f. commander
   g. progressif(-ve), progression
   h. sédentaire
   i. consommer, consommable

j. permis(e), permission
3. I. 1 c; 2 d; 3 e; 4 b; 5 a
   II. 1 c; 2 d; 3 e; 4 a; 5 b
4. à faire corriger
5. a. faire les courses
   b. commander une pizza
   c. louer une cassette vidéo
   d. faire envoyer des fleurs
   e. consulter des livres

### Exercices sur la lecture

1. I. 1 c; 2 e; 3 a; 4 b; 5 d
   II. a. consommateurs
       b. utilisaient
       c. bouger
       d. branchés
       e. but
2. a. dure
   b. bouger
   c. catalogue
   d. vérifier
   e. fiables
3. à faire corriger
4. a. mauvais goût
   b. bonnes manières
   c. carte de crédit
   d. droits d'auteurs
5. a. V; b. F; c. F; d. F; e. F
6. à faire corriger

**Test**

I. 1 d; 2 e; 3 h; 4 i; 5 j; 6 c; 7 a; 8 g; 9 f; 10 b

II. a. abonner
    b. abonné(e)
    c. commande
    d. progresser
    e. progression
    f. simple
    g. simplicité/simplification
    h. communicable
    i. communication
    j. parler

III. 1 a; 2 d; 3 c; 4 b; 5 d; 6 c; 7 a; 8 c; 9 c; 10 d

IV. A.  1. ans
        2. codes
        3. société
        4. écrivez
        5. publicité
        6. évitera
        7. questions
        8. débat
        9. sujet
        10. encombrer

    B. bouteille, étroits, vieux, mal, réponse, prison, rhum, trempée, voisin, points

    C. 1 b; 2 c; 3 a; 4 d; 5 b

## Chapitre 8

### Exercices sur le vocabulaire

1. a. communiquer
   b. bilingue
   c. orthographe
   d. chercher une expression
2. a. parlé(e), parole
   b. écriture/écrivain(e)
   c. orthographier
   d. prononcer, prononcé(e)/ prononçable
   e. vrai
   f. faciliter, facilité
   g. pénaliser, pénalité/ pénalisation
   h. apprendre
   i. grammatical(e)
   j. difficile
3. a. origine
   b. corriger
   c. éviter
   d. contexte
   e. bilingue
4. à faire corriger
5. à faire corriger

### Exercices sur la lecture

1. 1 c; 2 d; 3 a; 4 b; 5 i; 6 h; 7 e; 8 j; 9 g; 10 f
2. a. utiliser
   b. équivalents
   c. corriger
   d. vocabulaire
   e. définitions
3. à faire corriger
4. a. F; b. F; c. V; d. F; e. V
5. à faire corriger

### Test

I. a. éditer
   b. exprimé(e)/exprimable
   c. expression
   d. écrire
   e. écriture/écrivain(e)
   f. grammaire
   g. apprendre
   h. prononcer
   i. essai/essayage
   j. parler
II. 1 c; 2 d; 3 e; 4 a; 5 b; 6 g; 7 h; 8 f; 9 j; 10 i
III. 1 b; 2 d; 3 b; 4 a; 5 d; 6 b; 7 c; 8 d; 9 b; 10 d
IV. A. 1. a paru
       2. contenait
       3. texte
       4. volumes
       5. éditeur
       6. conçu
       7. lecteur
   8. ordinateur
   9. orthographe
   10. notation
   B. lave-vaisselle, à vapeur, en gros, fin, deux, oublier, bravo, forcé, les chiens, bleu
   C. 1 b; 2 d; 3 c; 4 a; 5 c

## Chapitre 9

### Exercices sur le vocabulaire

1. a. remèdes
   b. gélules
   c. guérir
   d. malaises
2. a. déprimé(e)/ déprimant(e), déprime/dépression
   b. malade
   c. amélioration
   d. guérir, guérison/ guérisseur(-euse)
   e. consommer, consommable
   f. s'enrhumer, rhume
   g. drogué(e), drogue
   h. épicé(e), épice
   i. infecter, infection
   j. apparition
3. I. 1 c; 2 d; 3 e; 4 a; 5 b
   II. 1 c; 2 e; 3 d; 4 b; 5 a
4. a. faire tomber la fièvre
   b. de toute sorte
   c. se sentir mieux
   d. mettre en question
   e. problèmes de santé

### Exercices sur la lecture

1. 1 c; 2 d; 3 a; 4 b; 5 j; 6 i; 7 h; 8 g; 9 e; 10 f
2. a. fournir
   b. faculté
   c. antidépresseur
   d. cerveau
   e. thérapie
3. à faire corriger
4. a. F; b. F; c. V; d. V; e. F
5. à faire corriger

### Test

I. 1 d; 2 a; 3 g; 4 f; 5 h; 6 c; 7 8; 8 e; 9 j; 10 i
II. a. épicé(e)
    b. épice
    c. corps
    d. soigner
    e. simplifier
    f. simple
    g. raffermissement
    h. pensée
    i. médical(e)
    j. apparence/apparition

III. 1 c; 2 a; 3 a; 4 c; 5 c; 6 b; 7 d; 8 c; 9 c; 10 c
IV. A. maison, rouge, chercher, comme, avec, oui, vendre, morte, enfant, médical
    B. 1. enfants
       2. mélanger
       3. dépasser
       4. traitement
       5. prescription
       6. avaler
       7. portée
       8. sécheresse
       9. utilisation
       10. symptômes
    C. 1 a; 2 c; 3 d; 4 b; 5 d

## Chapitre 10

### Exercices sur le vocabulaire

1. a. le sida
   b. se suicider
   c. partir avec dignité
   d. leur donner confiance
   e. délicat
2. a. mourir, mort/mortalité
   b. souhaiter
   c. matière
   d. vivant(e), vie
   e. médical(e)
   f. aider
   g. malade
   h. essai
   i. débattre
   j. souffrir
3. I. 1 c; 2 e; 3 d; 4 a; 5 b
   II. 1 c; 2 e; 3 d; 4 a; 5 b
4. à faire corriger
5. a. mettre fin à
   b. se suicider
   c. valoir la peine d'être vécu
   d. administrer des drogues
   e. avoir le droit de

### Exercices sur la lecture

1. I. 1 c; 2 d; 3 e; 4 a; 5 b
   II. 1 d; 2 c; 3 e; 4 a; 5 b
2. a. soulage
   b. se battre
   c. sidéen
   d. cobayes
   e. attitude
3. à faire corriger
4. a. F; b. F; c. V; d. V; e. F
5. à faire corriger

### Test

I. 1 c; 2 e; 3 f; 4 b; 5 j; 6 h; 7 a; 8 i; 9 g; 10 d
II. a. vrai
    b. mort/mortalité

c. ouvrir
d. ouverture
e. soulager
f. attention
g. débat
h. médecine/médecin
i. guéri(e)/guérissable
j. guérison/
   guérisseur(-euse)

III.    1 a; 2 a; 3 c; 4 d; 5 b; 6 c;
        7 a; 8 b; 9 d; 10 c

IV. A.  1. docteur
        2. échange
        3. répondre
        4. étude
        5. morts
        6. difficile
        7. patient

        8. possible
        9. jamais
      10. demande

B.  jeu, bleue, part,
    feuille, bonbons,
    empoisonné, église,
    mouton, tour,
    diabolique

C.  1 b; 2 c; 3 d; 4 c; 5 a

# HOMEWORK

Study for quiz on ch. 4

~~les pronoms (Test p. 58 B, C, D)~~
~~les jurés (vocab) (Test p. 42-43 Parties I, II, III)~~

Examen de lecture II (20%)
Vendredi 04 decembre.

Examen do Compo II (20%)
Mercredi 09 decembre.